HASSELT-JADIS

OU

RECHERCHES HISTORIQUES ET ARCHÉOLOGIQUES

SUR

les vieux remparts, les vieux monuments, les vieilles rues et les vieilles maisons de cette localité

AVEC QUATRE PLANCHES

PAR

le Dr C. BAMPS, échevin
et E. GERAETS, conseiller communal de la ville de Hasselt.

HASSELT
IMPRIMERIE WINAND KLOCK, RUE NEUVE, N° 52.

1894.

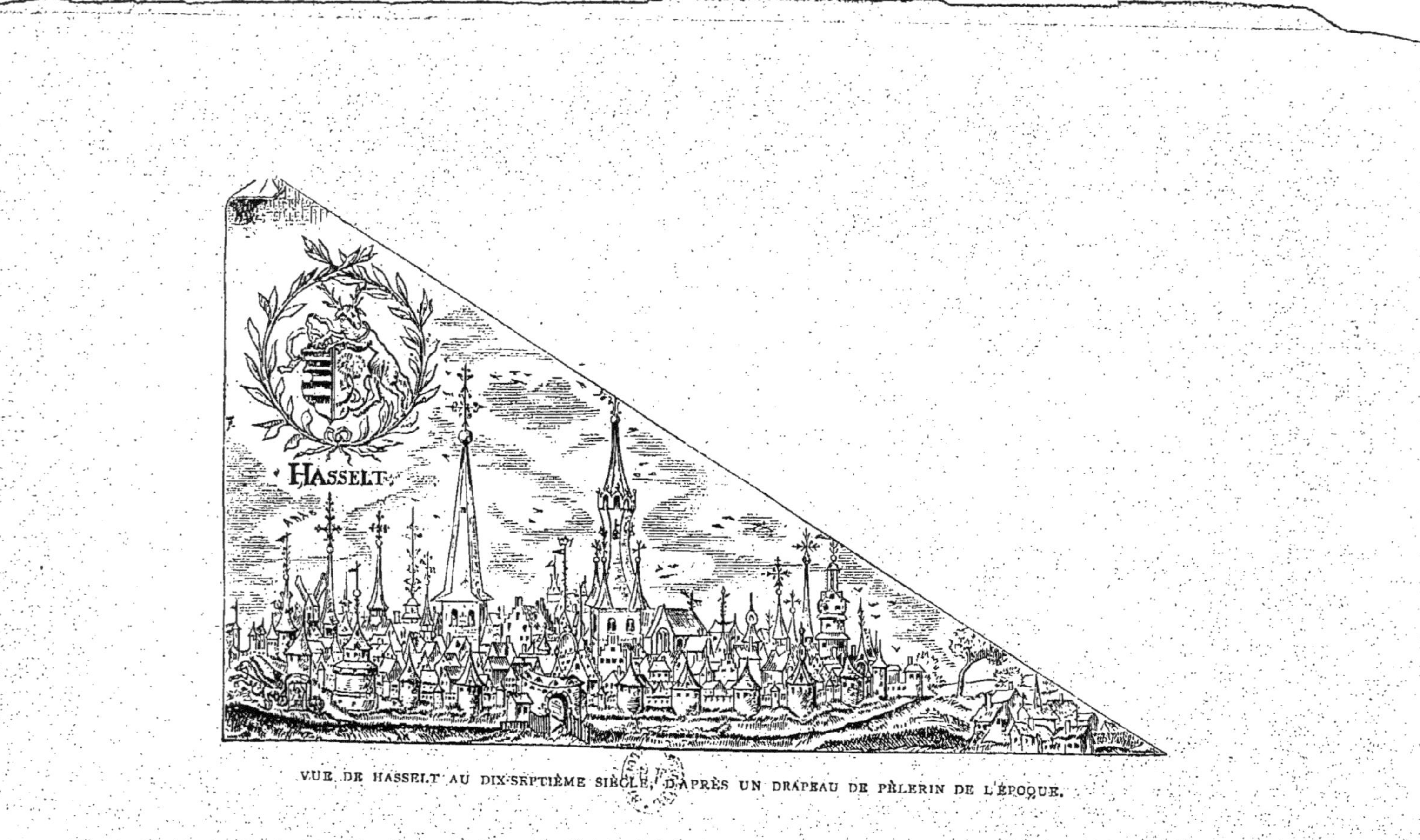

VUE DE HASSELT AU DIX-SEPTIÈME SIÈCLE, D'APRÈS UN DRAPEAU DE PÈLERIN DE L'ÉPOQUE.

HASSELT-JADIS

OU

RECHERCHES HISTORIQUES ET ARCHÉOLOGIQUES

SUR

les vieux remparts, les vieux monuments,
, les vieilles rues
et les vieilles maisons de cette localité

AVEC QUATRE PLANCHES

PAR

le Dr C. BAMPS, échevin
et E. GERAETS, conseiller communal de la ville de Hasselt.

HASSELT,
IMPRIMERIE WINAND KLOCK, RUE NEUVE, N° 52.

1894.

La démolition de la maison portant pour enseigne la *Goudbloem*, qui, avec celle du *Swcert* donnait un cachet si pittoresque à la Grand'place de Hasselt, nous a laissé un sentiment de regret. Les vieilles maisons, comme les vieillards à cheveux blancs, évoquent, pour la génération présente, les souvenirs de l'ancien temps ; elles reportent le regard sur le passé. Leur disparition successive semble nous enlever chaque fois un anneau de la chaîne des traditions.

La vieille maison de la *Goudbloem* a vu passer jadis se rendant à la Halle aux draps sise alors en face, nos vaillants drapiers du XVᵉ et XVIᵉ siècle qui allaient vendre leurs marchandises à Anvers, à Amsterdam et jusqu'à Lubeck en Allemagne (1). De ses fenêtres, nos

---

(1) Voir, dans le tome IX des Bulletins des Mélophiles, une notice de M. H. Van Neuss sur l'ancienne industrie drapière à Hasselt.

ancêtres ont assisté à bien de spectacles qui ont leur coin marqué dans l'histoire : aux prêches de la réforme (1), à l'occupation de la ville par les Hollandais (2), à la désastreuse retraite des *Jongmans* après le combat de la *Plankeweyde* (3), à la joyeuse entrée des Princes-évêques de Liége (4), à l'entrée des Français et aux fêtes célébrées sous la République française (5), à l'arrivée et au départ de l'armée des Paysans (6), de celle des Cosaques en 1813 (7) et des Hollandais en 1831 (8). Un des derniers témoins de tous ces évènements vient de disparaître et nous ne pouvons nous empêcher de lui accorder un mélancolique témoignage de regret.

C'est ainsi qu'ont disparu, depuis quelque temps plusieurs de nos vieilles maisons à l'aspect si pittoresque ou aux souvenirs si intéressants : le *Ossekop*, le *Kuyzer*, le *Scherpestien* etc, etc... Qu'en reste-t-il ? un souvenir

---

(1) Voir, dans le tome II des Bulletins, une notice de M. H. Van Neuss sur l'introduction de la reforme à Hasselt.

(2) Voir, dans le tome V des Bulletins, un article de M. H. Van Neuss sur l'occupation de la ville par les Hollandais.

(3) Voir, dans le tome VII des Bulletins, un épisode de l'histoire de Hasselt.

(4) Voir, dans les tomes XXIII et XXIV des Bulletins, deux articles intitulés : Hasselt sous les Princes-évêques de Liége.

(5) Voir, dans le tome XII, un article sur ces fêtes par M. H. Van Neuss.

(6) Voir, dans le tome XXVI : Hasselt sous la République et l'Empire français.

(7) Voir, tome XXVI des Bulletins, p. p. 90 et 91.

(8) Voir, dans le tome XXVIII, Hasselt sous Léopold Ier.

qui tend à s'effacer et quelques épreuves photographiques
que des curieux ont pris le soin de tirer avant la
démolition de ces constructions. De nos vieux remparts, des
anciennes portes de la ville, qu'une considération d'ordre
supérieur, l'hygiène, a fait démolir, il ne reste que quelques
dessins, dont nous parlerons plus loin (1).

Le dénombrement des bâtiments qui nous rappellent
encore les siècles passés est facile à faire : l'église paroissiale, les églises et les bâtiments en ruine des anciens
couvents, la maison de refuge de Herckenrode transformée en caserne, une partie de l'hôpital, deux tourelles
d'habitations particulières, la maison du *Sweert* sur la
place celle du *Klaverblad* rue du Lombard, le *Gravenhuys*, le *Wynvat*, les façades sur la cour des maisons
ayant pour enseignes le *Pélican* et le *Laurier*, plus quelques
maisons plus modestes datant du XVII° et XVIII° siècles
éparpillées par toutes la ville et reconnaissables à leurs
étages en saillie sur le rez du chaussée et aux larges
ouvertures, la plupart actuellement bouchées qui, dans
le temps, se trouvaient ménagées entre la toiture et le
dernier étage. Avant que ces restes d'un autre âge dis-
paraissent sous la pioche du démolisseur, nous croyons
faire chose utile en rassemblant les rares documents
que nous possédons encore pour reconstituer l'aspect de
notre ville au temps jadis.

En fait de tableaux ou de dessins représentant Hasselt

---

(1) M. P. Bamps s'applique à reproduire nos vieilles maisons et les
coins pittoresques de la ville dans des aquarelles fort admirées des
connaisseurs.

aux siècles antérieurs, il existe à l'hôtel-de-ville un ancien tableau fait à l'occasion de la pose des bornes limites entre notre commune et celle de Zonhoven en 1666 (1). La vue que représente ce tableau est reproduite sur un petit drapeau triangulaire qu'on vendait, au XVIIe siècle aux pélérins qui venaient visiter l'ancienne chapelle de la vierge. Elle représente Hasselt avant le démantèlement des remparts (en 1681) et est signée par un dessinateur hasseltois, N. Sigers, qui vivait au XVIIe siècle (2). Une vue de la ville par Remacle Leloup (après le démantèlement) figure dans les *Delices du p ys de Liége*, tome IV, p. 270. La fabrique d'église de Notre Dame possède un tableau représentant le miracle « dit de l'ardoisier » et donnant la vue d'une partie de la Grand'place, telle qu'elle existait vers la fin du XVIIe siècle (3). Une série de huit lithographies publiées vers 1855 par un dessinateur nommé Hooland et quelques photographies nous reproduisent plusieurs bâtiments disparus depuis quelque temps.

---

(1) Voir l'histoire des contestations qui ont surgi entre Hasselt et Zonhoven pour la possession de la bruyère, tome III, p. 79 des Bulletins des Mélophiles ainsi qu'un article sur le *Paelsteen*, tome XXVII, p.151.

(2) Ce petit drapeau dont les exemplaires deviennent très-rares est reproduit dans la *Belgique illustrée*. L'envers représente l'intérieur de l'ancienne église de la chapelle. Le dessinateur Nic. Sigers est le monnayeur hasseltois signalé par Mantelius. Il naquit en 1603 et épousa Marie Valentyns comme le constate un vitrail à ses armoiries, datant de 1651, en posession de M. Verbelen de Hasselt.

(3) Ce tableau est conservé dans la sacristie de l'église Notre-Dame.

Notre ville ne possède pas de plans de ses rues antérieurs au levé fait par le cadastre. Un ancien plan parcellaire de la commune, en feuilles, datant du milieu du siècle dernier, donne seulement la configuration de nos remparts et laisse la partie intra-muros en blanc. C'est dans les actes des anciens échevins, dans les comptes communaux, dans les registres aux reçez des magistrats (1) dans ceux de nos établissements charitables et de l'ancien couvent des Augustins que nous avons trouvé les principales indications sur nos anciennes rues, renseignements que nous avons mis largement à profit pour le présent travail.

Divers auteurs nous ont laissé une description de la ville au temps où ils écrivaient. Le plus ancien est Guicciardin, noble florentin qui se contente de dire que Hasselt à son époque était une ville assez considérable (*minime contemnendum*), riche en édifices et en habitants (2). La meilleure et la plus intéressante description de Hasselt au

----

(1) Les archives provinciales de l'État possèdent les registres suivants: *Echevins de Hasselt, droit lossain*, 48 registres de rôles (de 1444 à 1796) ; *œuvres*, 50 registres (de 1428 à 1796) ; *droit liégeois*, 103 registres de rôles (de 1414 à 1796) ; *œuvres*, 62 registres de rôles (de 1423 à 1796) ; (*rôles criminels*, 8 registres (de 1663 à 1795) ; *testaments*, 3 registres (de 1509 à 1628) ; *octrois et mambournies*, 7 registres (de 1668 à 1796) ; *réliefs*, 2 registres (de 1694 à 1793). Les archives communales possèdent 9 registres aux ordonnances du magistrat (de 1402 à 1794). M. H. Van Neuss, dans les tomes IV et VIII des Bulletins des Mélophiles, a donné une analyse des deux premiers registres.

(2) Belgice sive inferioris Germaniæ descriptio, auctore L. Guicciardini (édition d'Amsterdam, 1652), p. 505.

temps passé est celle de notre compatriote, Mantelius, qui écrivait au milieu du XVII⁰ siècle. Nous donnons ci-après, in extenso, à cause de son importance, la traduction du chapitre que l'auteur consacre à la topographie de la ville (1). La voici :

« Hasselt, de figure circulaire, est ceint de remparts élevés, spacieux, assez solides formés d'un mur continu et de fossés larges de cent pieds, pleins d'eau. On compte sur ce circuit 16 tours assez remarquables et solides, outre celles des portes et un grand nombre de tourelles plus petites servant à la surveillance des environs. Parmi ces tours, se dresse, sous un aspect imposant, celle qu'on appelle la *Mangeuse de pierres*. Le circuit total à un mille italien de longueur (2) et le haut des remparts présente une agréable promenade et une vue étendue sur les campagnes environnantes. Le Demer, grossi des eaux du Stiemer à environ un mille de la ville, traverse celle-ci et baigne les pieds de quatre couvents. Les rues sont la plupart larges et droites et de même que la Grand'place ont des puits publics de manière à avoir partout l'eau sous la main en cas d'incendie, malheur dont il plaise à Dieu de préserver la ville. Toutefois, dans ces circonstances les habitants sont toujours prompts à intervenir. Les maisons sont nombreuses et assez bien bâties de manière qu'il n'y a presque aucun espace vide en ville, la plupart des propriétaires ayant leurs jardins hors des murailles. Parmi

---

(1) Mantelius, Hasseletum, p. 167.
(2) La mille italien vaut 1852 mètres.

les habitations somptueuses aux nombreux appartements, nous citerons celle du Baron d'Oostham située aux environs de notre église (1), celle de de Geloes (2) près de la porte de St-Trond, qui, en raison des services rendus par les ancêtres de cette famille, a été déclarée, en 1533, exempte des accises, des charges militaires et autres; celle de Herckenrode (3), celle de Mombeek (4) et celle récemment élevée, en l'an 1659, par un des bourgmestres, au marché aux vaches, à l'enseigne du puits d'or (5). Des édifices publics concourent à l'ornement de la cité ; en premier lieu l'hôtel de ville près de l'ancien marché aux porcs qui a été acheté par la commune aux héritiers d'Eustache Screvens et de son épouse Elisabeth et a été en 1580 affectée aux services publics (6). Les magistrats tenaient antérieurement leurs réunions dans une chambre, en dessous de la Halle aux draps, qui, dans le temps était assignée au tribunal des échevins et qui s'appelle encore la chambre scabinale. Pour enlever au bâtiment acquis par la ville son aspect de maison particulière, le magistrat fit ajouter

---

(1) C'est la maison occupée par M. le bourgmestre Goetsbloets.

(2) C'est le *Gravenhuis*.

(3) C'est la maison de refuge de Herckenrode qui sert actuellement de caserne.

(4) Partie de la maison de M. le juge Stellingwerff, ayant vue sur le Boulevard.

(5) Maison où est établie la Banque centrale. La tourelle attenante à cette maison date de cette époque.

(6) L'hôtel du Limbourg occupe l'emplacement de cet ancien hôtel-de-ville.

à la façade un élégant et assez grand balcon dont l'archi-
tecte fut, dit-on, Corneille Platynmakers, le même qui a
dressé le plan de la tour de Tongres. Du haut de ce balcon,
aux calendes de mai, on fait la publication des rôles des
accises ; on y donne aussi lecture des privilèges de la
cité devant les chambres et les citoyens. Cet édifice est
bien orné et a de nombreuses chambres où l'on reçoit
le Prince quand il passe par la ville. On y conserve le
grand étendard du comté de Looz. Les curateurs de
l'hôpital et des pauvres y ont le siège de leurs assemblées,
les arquebusiers y possèdent un local et y tiennent leurs
banquets et autres réunions dont le but est de raffermir
la fraternité parmi les membres. Enfin sur la Grand'place
se trouve la halle (1) et le local des arbalétriers (2).
En l'an 1620, on a restauré élégamment le local des
rhétoriciens et des archers. Je m'étendrai peu sur les
canonniers à cause de leur petit nombre. Ces différentes
sociétés ont, outre leur local, un emplacement clôturé,
ou un jardin destiné aux exercices de tir, auxquels ils
se livrent. Ces gildes, comme on les appelle dans notre
langue, se réunissent pendant les jours de fêtes et de
repos pour s'exercer, discuter de leurs intérêts et apprendre,
non tant le maniement des armes en temps de guerre,
but pour lequel elles furent instituées jadis, que pour

---

(1) Ce bâtiment occupait l'emplacement où s'élève actuellement le
Grand Café et le local de la société littéraire. L'un de nous, M. le docteur Bamps, a publié l'histoire de ce local (Hasselt, Ceysens, 1890).

(2) Maison de la Grand'place joignant la maison du Sweert.

s'amuser entre eux et relever par leur présence l'éclat
des cérémonies publiques. Ils s'excitent là à l'émulation
et instituent des concours non seulement locaux mais
aussi pour les étrangers. Cependant deux gildes, celle
des arquebusiers et celle des arbalétriers sont organisées
militairement, les premiers sont au nombre de soixante,
les seconds au nombre de quarante. Les membres de ces
gildes prêtent le serment civique au Prince et au Magistrat
et font des patrouilles en temps de guerre. Dans le local
des arbalétriers sur la Grand'place, l'on conserve les clefs
des portes de la ville. Pour prix de leurs services et comme
gages de leur fidélité, ces sociétés touchent un certain
subside, mais les membres sont obligés d'escorter en
armes les bourgmestres et d'obéir aux ordres du Prince et
du Magistrat. Depuis quelques années ces gildes sont
devenues plus économes dans leurs dépenses et ne donnent
plus de banquets mais consacrent leurs deniers à l'amé-
lioration des rues, des remparts et des édifices publics. Ils
ont élevé, à la porte de Curange, un retranchement assez
important. »

» A la Grand'place, où se vendent des graines de toute
nature, viennent aboutir six rues. Le concours des habitants des communes voisines et même du Brabant est
tellement grand, le mardi et le vendredi, qu'on compte
jusqu'à deux cents charettes pénétrant en ville par la
même porte. En outre, au mois de septembre, se célèbre
la fête communale qui coïncide avec le jour anniversaire
de la dédicace de l'église paroissiale, c'est-à-dire, le
dimanche après la fête de S¹-Lambert, évêque et martyr.

À Hasselt, le commerce de vin est très-important et, chaque année, il y arrive beaucoup de grandes pièces de vin de Rhin qui sont vendues en transit pour le Brabant. Il y existe aussi un grand marché de poissons de mer qui d'ici sont transportés par des chariots dans tout le diocèse. La poudre à canon fabriquée à Hasselt est estimée. Nous dirons encore que les conseillers lossains de la salle de Curange et ceux du tribunal des échevins de la Haute cour de Vliermael tiennent leurs séances et rendent la justice à Hasselt. L'air, dans cette ville, est sain ; les terres, les champs et les pâturages sont assez agréables et féconds. Ces derniers produisent du beurre et nourrissent des génisses, marchandises fort estimées à Liége. Outre l'orge, le seigle, l'avoine et le froment où sème, dans les environs, du chanvre dont les habitants font un commerce important. »

Après avoir cité les quelques phrases que Guicciardin a consacrées à Hasselt et à Curange, Mantelius continue comme suit :

« J'ai déjà fait mention des portes de la ville, si je m'étends un peu sur les lieux auxquels ces portes mènent c'est surtout pour exciter à la piété (1). Toutes sont séparées l'une de l'autre d'une distance à peu près égale.

---

(1) L'auteur consacre les chapitres suivants à l'église de Cortenbosch sur la route de St-Trond, à l'abbaye de Herckenrode hors la porte de Curange, à la chapelle de Ten-Eycken près de Zonhoven et à la chapelle de St-Corneille hors la porte de Maestricht. C'est ce qui explique cette phrase et celle qui vient un peu plus loin.

Quelques unes sont encastrées entre deux tours dont le bas
sert à garder les criminels et la partie supérieure à d'autres
usages. Elles ont des abris pour veilleurs et des herses
suspendues pour prévenir une invasion subite d'ennemis.
La porte de Maestricht se trouve à l'orient, celle de
St-Trond au midi, celle de Curange à l'occident et celle
de la Campine, au nord. Un lieu sacré célèbre par ses
miracles s'offre à tout voyageur qui sort par n'importe
laquelle de ces portes ; ce que je dis être une chose rare.
A une jetée de pierre, hors la porte de Maestricht, la
route longe la chapelle de St-Corneille, évêque et martyr,
dont j'ai parlé suffisamment ailleurs. »

Trois ouvrages publiés au dix-huitième siècle, nous
ont laissé des descriptions du vieux Hasselt. Celle que
Saumery a inscrite dans les *Délices du pays de Liége*
n'est qu'une paraphrase fort écourtée de celle donnée
par Mantelius (1). L'auteur des *Délices des Pays-Bas*
n'ajoute à cette description que quelques détails historiques,
mais il vous apprend que la tour de l'église St-Quentin
fut brulée par la foudre le 13 mai 1725 et qu'en 1740 on
commença à travailler, par ordre des Etats, à une nouvelle
chaussée de Liége à Tongres et de là à Hasselt avec le
dessein de la continuer par la Campine liégeoise jusqu'à
Bois-le-Duc (2). Il cite parmi les ordres religieux qui se

---

(1) M. H. Van Neuss a transcrit cette description dans son article
intitulé : le local des Mélophiles, voir tome XVIII, p. 29 des Bulletins.
(2) Délices des Pays-Bas, septième édition, Anvers et Paris 1783,
tome IV, p. 144.

trouvaient à cette époque en notre ville : les Augustins, les Capucins, les Récollets, les Alexiens, les Sœurs grises, les Religieuses du Saint-Sépulcre et les Béguines. Le curé de Wintershoven, Lambert de Heers, qui a publié de *Beschryving der steden van het land van Luyk* (1) complète la liste des couvents en y adjoignant le couvent des religieuses du tiers ordre de St-François que l'auteur précédent avait omis, et nous donne la date de la dédicace de l'église Notre Dame (1731) élevée sur l'emplacement de la vieille chapelle de la Vierge.

Ces trois auteurs sont unanimes pour déclarer que Hasselt était une des plus jolies villes de la principauté de Liége. Ces descriptions nous paraissent singulièrement flattées et comme opposition à ce tableau nous donnons ci-après la copie d'un note manuscrite inscrite à la fin du volume des *Beschryving der steden van het land van Luyck* que nous avons consulté. Voici cette note discordante (2) :

« In 1793 waeren de stadt Luyk en de klyne steeden des lands soo als alle dorpen de lelykste plaetsen van gants Nederland uytgenomen in Luyck Hors-château en

---

(1) *Beschryving der steden van het land van Luyck,* 2me édition, Maestricht 1793, p. 137.

(2) Ferdinand Henaux dans son *Histoire du Pays de Liége* fait un tableau assez sombre de Liége à la fin du XVIII siècle. En voici un court extrait : Ses rivages le long de la Meuse étaient encombrées et inaccessibles. Ses rues étaient étroites, sinueuses, mal pavées et sillonnées dans toute leur longueur par une rigole où coulait une eau sale... Histoire du Pays de Liége, IIIe édition, page 540.

Feronstree, in St-Truiden en in Tongeren den mark ; de stads muuren en poorten half ingevallen, een paveysel om den hals te breeken; in de klyne steeden groote putten in de midde der straeten met daken als toorens, planken huysen veel met stroo gedekt, in de dorpen meest leeme en houte huysen met stroo gedekt, ware kotten, int generaal was het land 100 jaeren agteruyt tegen Nederland en Brabant, daer van was uytgenomen Maestricht daer de Hollanders zedert twee eeuwen eene hollandsche stad van gemaakt hebben. In St-Truyden waren noch gansche straten met houte huysen soo als ook te Hasselt en over al mest hoopen op de straten, over al vuyligheyd. » (1)

Il est clair que si l'on compare les villes modernes pourvues de rues larges, bien pavées et bien éclairées la nuit, de maisons confortables où l'air et la lumière pénétrent abondamment, avec celles d'autrefois, le contraste est frappant, mais, tout en rendant hommage aux progrès réalisés, on peut trouvor un certain plaisir et un certain intérêt, à évoquer le souvenir de ces vieilles villes dont il reste encore par-ci par-là quelques coins pittoresques, quelques maisons à façade originale. Rechercher ces coins, fouiller dans l'histoire de nos vieilles maisons, reconstituer, autant que faire se peut, l'aspect de nos rues,

———

(1) Cette note a été écrite en 1857 par un vieillard qui décrit de souvenir l'aspect des villes du pays, à la fin du siècle dernier dans un exemplaire de l'ouvrage de De Heers apppartenant à la bibliothèque du docteur Bamps.

dans les siècles passés, tel est le but que nous nous sommes imposés dans le présent travail.

———

Nous avons divisé cette notice en quatre chapitres consacrés à l'histoire et à la description 1° de nos anciens remparts ; 2° de nos rues et de nos places publiques ; 3° de nos anciens monuments et édifices ; 4° de nos vieilles maisons avec leurs enseignes. Au fur et à mesure que nous avancerons, nous citerons les sources et donnerons les documents inédits qui nous ont servi dans cette essai de reconstitution du vieux Hasselt.

———

LES ANCIENS REMPARTS.

Aux siècles passés, avant l'établissement des nombreuses voies de communication qui sillonnent le pays, chaque ville vivait, pour ainsi dire, isolée et de sa vie propre. La cité n'était que l'extension de l'habitation familiale, elle était comme elle, la plupart du temps, enfermée dans des murs. Dans ces temps troublés par des guerres incessantes, le citadin regardait ses remparts comme sa sauvegarde et, le soir, quand les lourdes portes de la ville se fermaient, il dormait tranquille et se sentait chez lui. Aussi voyons nous les métiers, ces grandes corporations, dans lesquelles se groupait autrefois la bourgeoisie, tenir à honneur d'ajouter leur tour au système de défense de la ville en même temps qu'elles élevaient l'autel dédié à leur patron dans l'église paroissiale.

La première enceinte fortifiée de Hasselt date de 1282 (1).
Elle fut construite par le comte Arnould V de Looz,
cinquante ans après que la ville eût reçu d'un prédécesseur
de ce comte ses franchises communales. Environ cinquante
ans plus tard en 1330, le comte Louis de Looz céda, au
Magistrat de Hasselt, la propriété des remparts et des
fossés d'enceinte (2).

En quoi consistaient ces fortifications primitives ? Nous
n'avons guère de renseignements sur ce sujet. Nous ne
pouvons, dans les hypothèses à faire, que nous appuyer
sur les restes des anciens monuments analogues et con-
temporains. Or voici ce que dit Schayes dans son histoire
de l'architecture en Belgique (3) sur les constructions
militaires élevées vers cette époque :

« La circonvallation des villes, là où un terrain accidenté
n'y mettait obstacle, était d'une forme régulière, plus
souvent circulaire que carrée. Les enceintes construites
avec le plus de soin se composaient d'un mur épais de
plusieurs pieds, bâti soit en appareil irrégulier de schiste
ou de moellon, soit avec un revêtement en pierre de taille
de moyen appareil. Bordé d'un large fossé et élevé à
rez de-sol ou sur un remblai de terre, ce mur était percé
de meurtrières, surmonté de créneaux et flanqué de

---

(1) Voir : Mantelius, Hasseletum, p. 12 et Hasselt sous les comtes de
Looz dans le tome XXI des Bulletins des Mélophiles, p. 62.

(2) Mantelius, Hasseletum, p. 21.

(3) Histoire de l'architecture en Belgique par A. G. B. Schayes,
2me édition, Bruxelles 1853, tome I, pages 378 et 379.

tours carrées ou semi-circulaires. Les portes de la ville, couronnées d'un arc à plein-cintre, étaient pratiquées à travers une courtine défendue par deux tours ou dans l'épaisseur d'une tour unique, ronde ou carrée. Les créneaux des murs et des tours s'appuyaient souvent, surtout dans le XI⁰ et XII⁰ siècle, sur des machicoulis, galerie en encorbellement, formée d'une suite d'arcatures, et dans laquelle des ouvertures étaient pratiquées à plat pour lancer sur l'ennemi toutes sortes de projectiles. Au dessus des portes munies de herses, s'élevait en outre un balcon saillant, construit de la même manière, et connu sous le nom de *moucharaby*, dénomination qui semblerait impliquer à ce système de défense une origine arabe, si l'on ne savait par Vegèce qu'il était déjà connu des Romains. Le mur était ordinairement renforcé à l'intérieur par une suite d'arcades portant une plate-forme à la hauteur de la base des créneaux. »

La description de Schayes est fondée sur les restes encore apparents de l'ancienne enceinte fortifiée de Bruxelles élevée en 1040, de celle de Louvain datant du milieu du XII⁰ siècle de celle de Gand construite en 1194. Sans attribuer aux remparts élevés par le comte Arnould, l'importance des fortifications édifiées par les comtes de Flandre et les ducs de Brabant dans les villes précitées, nous croyons cependant que l'enceinte de Hasselt devait offrir un aspect fort présentable puisque nous voyons le comte de Looz, après la bataille de Woeringen, inviter ses compagnons d'armes à visiter sa nouvelle capitale dont il était fier assurément.

Comme les bâtiments élevés à Hasselt vers la même époque, tels que la première église St-Quentin, ainsi qu'on le voit encore au bas de la tour, l'ancienne chapelle de la Vierge bâtie en 1334, étaient construits en pierres ferrugineuses (1) il est probable qu'on a employé les mêmes matériaux dans la construction de nos plus anciennes portes et de nos murs d'enceinte. Ce qui semble confirmer cette supposition c'est que nos règlements communaux les plus reculés, les *Jaerghedingen* (2), défendent sous des peines sévères d'enlever les pierres répandues dans les terrains vagues pour les réserver aux constructions communales.

Il est probable aussi que l'introduction des armes à feu, qui furent employées pour la première fois dans nos environs au siège de Rummen en 1365 (3), nécessita le renforcement et le changement de quelques parties de notre système de défense. Deux faits semblent militer en faveur

----

(1) Mantelius, *Hasseletum*, p. 150.

(2) L'article 3 des *Jaer-Ghedingen* dit ce qui suit : Men sal in de Heyde op geene plaetse meughen eysere steenen uyt-halen op peene van dry gold gulden, die vreemde dobbel t' appliceren als boven. Les *Jaer-Ghedingen* se trouvent à la fin du volume intitulé : *Privelegien, Staluyten en Reglementen der stadt Hasselt.*

(3) L'auteur contemporain des *Gesta Trudonensium* appelle les canons *bustae tonitruales* (en flamand *donderbuysen*) et les boulets de canon *tonitruales globi plumbei* (en flamand *donderballen van loet*). Il parle aussi de bombes, (*sulfureos globos*) (Histoire du diocèse et de la principauté de Liége pendant le XIIIe et le XIVe siècle par Joseph Daris, Liége 1891, p. 605).

de cette hypothèse, d'abord l'arrivée dans notre ville, vers 1383, des tisserands et des fabricants de drap émigrés de Louvain qui devaient estimer, à haut prix, la sécurité qu'offraient nos remparts pour la vitalité de leur industrie (1) et l'obligation de travailler en corvée, à l'entretien et à la restauration de nos remparts inscrite dans tous les actes d'octroi de bourgeoisie imposée aux habitants des villages de Diepenbeek, Berbroeck, Houthaelen, Zolder, Meuwen et Tessenderloo (2), en échange des droits dont jouissaient les Hasseltois.

Les murailles élevées, en 1282, par le comte de Looz furent démolies moins de deux siècles plus tard, par ordre du Prince-Evêque Louis de Bourbon. Voici à quelle occasion. Quelques jours après la bataille de Brusthem (28 octobre 1467), où les troupes liégeoises furent complètement défaites par l'armée bourguignonne de Charles-le-téméraire, un lieutenant de ce prince vint mettre le siége devant Hasselt et emporta la ville d'assaut. Le vainqueur imposa aux habitants l'ordre de démolir les portes de la ville, d'abattre les remparts et de remblayer les fossés (3).

Les Hasseltois ne montrèrent pas beaucoup d'empressement à exécuter ces clauses du traité, si on en juge par une lettre de rappel qui leur fut adressée par le Prince

---

(1) Voir : Histoire de Hasselt sous les Princes-évêques de Liége, et Bulletin des Mélophiles, tome XXIII, p. 24.

(2) Voir l'inventaire des archives de la ville de Hasselt, pp. 73 et 154.

(3) Wolters dans le *codex diplomaticus lossensis* donne, à la page 414, les conditions de la capitulation.

en 1468 (1). Mais la terreur inspirée par la prise et le sac de Liége (30 octobre 1468) les entraîna à obtempérer aux ordres formels qui leur avaient été donnés.

Après la mort du duc, Charles-le-téméraire (5 janvier 1477), le pays entier se souleva contre le Prince-Evêque, Louis de Bourbon. Toutes les villes s'empressèrent de relever leurs murailles. Hasselt suivit-il cet exemple ? C'est probable. Toutefois ces nouvelles fortifications ne devaient pas encore se trouver en parfait état de défense, lorsque Maximilien d'Autriche, en 1482, enleva la ville d'assaut (2). Mantelius nous apprend que ce ne fut que

---

(1) Cette lettre a été reproduite dans le tome XXIII, p. 46 des bulletins des Mélophiles.

(2) Voir bulletin des Mélophiles, tome XXIII, p. 52. Les comptes communaux nous donnent quelques renseignements sur les travaux exécutés à cette époque.

Ainsi le compte de 1486-1487 nous renseigne que, sur l'invitation des habitants de la rue Neuve, on construisit cette année une poterne à la porte de St-Trond et le même compte nous apprend qu'on envoya à Liége trois délégués chargés d'y visiter la porte du Pont d'Avroy pour en construire une pareille à la porte de la Campine: *By consent der Burgem. en de Raadtleden syn meester Godert de Timmerman, Jan van Olmen ende die bouwmeester tot Ludich geweest visiteerende de poort Pondavro om de Kempische poort daer na te maken.* Le travail fut adjugé à la fête de l'exaltation de la sainte croix en 1486 comme il résulte de l'annotation suivante à la date de ce jour : *Uitgeven in den bouw van den Kempische poort, Houtepoort met een valbrug in der maniere van Ludich, overeengekomen.*

Les années suivantes de 1487 à 1494 les travaux de construction de nos remparts furent considérables ; les frais absorbèrent la majeure

sous le règne de Jean de Hornes, vers l'année 1495, que la ville paracheva son enceinte fortifiée (1).

Nous possédons plus de renseignements sur les fortifications complétées dans le courant du XVIe siècle que sur celles élevées sous les comtes de Looz. Par les restes qu'on en a trouvés, lors de la démolition de nos remparts et la création de nos boulevards (1848), nous savons que la brique fût le principal élément employé dans leur construction. De plus l'ancien petit drapeau des pélerins nous donne une vue de la ville avant son démantèlement et un croquis trouvé dans les archives communales nous représente l'aspect des fortifications dans les environs de la porte de Maestricht.

Deux recensements de l'artillerie de nos remparts,

---

partie des ressources communales. En 1494, la porte de St-Trond fut complétement achevée. Le Cattegat fut abattu, une maison qui y existait fut remplacée par une tour et la ville acheta une *slangebusse* (couleuvrine). En 1507, on approfondit le fossé entre la porte de Maestricht et le rempart des sœurs.

Vers la même époque la ville réorganisa son artillerie de défense. Par le compte communal de 1487-88, nous voyons que le Magistrat fit reprendre à Tongres, quatre haeckebussen prêtées au Prince évêque et qu'elle fit fondre des boulets (*cloeten te gieten voor de nieuwe haeckbussen*).

Le compte de 1505-1506 renseigne l'achat de 3 formes (affûts) pour les *slangen*, 3 pour les *haeckebussen*, une pour les *knipbussen* ainsi que 2 couleuvrines, 3 demi couleuvrines, avec 14 chambres pesant 600 livres à raison de 14 florins par 100 livres.

(1) Mantelius; *Hasseletum*, p. 57.

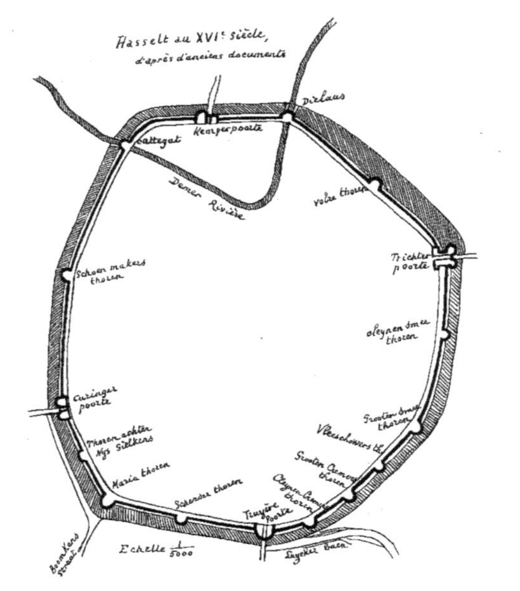

Hasselt au XVIe siècle,
d'après d'anciens documents
Dielaus
Kemperpoorte
Gattegat
Demer Rivière
volre thoren
Trichter poorte
Schoenmakers thoren
oleyren smee thoren
Cusinger poorte
Thoren achter Mgr Sielkens
Grooten smee thoren
Vleeschouwers th.
Maria thoren
Schendel thoren
Grooten Caneon thoren
Oleyren-Caneon thoren
Truyère poorte
Boomkens straat
Echelle 1/5000
Zegethel thoren

Hasselt au XVIe siècle,
d'après d'anciens documents

l'un datant du mois d'août 1516, l'autre de l'année 1578 nous permettent de donner le dénombrement des tours qui s'élevaient sur le pourtour de la ville. Dans le tome VII des bulletins des Mélophiles, M. H. Van Neuss nous a donné le dernier (1). Nous publions ici celui de 1516 que nous croyons inédit, en mettant, en regard du nom de chaque tour, le nombre de pièces d'artillerie dont elle était armée. Voici ce document :

Op die Truyere poort   6 haeckbussen (2)

---

(1) Bulletin des Mélophiles vol VII, p. 65 en note. On remarquera que dans ce recensement l'auteur cite dix-huit endroits armés tandis que le document que nous rapportons ci-après n'en donne que seize, nombre indiqué par Mantelius dans sa topographie de la ville (voir plus haut). Cela provient de ce que, dans l'inventaire publié par M. Van Neuss, les postes armés des portes de Curange et de la Campine sont dédoublés.

(2) Les *haeckebussen* étaient des espèces de fusils de remparts. Les premières haeckebussen étaient montées sur affûts comme le démontre le libellé du vieux compte suivant : *geleivert vier haeckebussen geleyt in houten affuyten met dat daer toebehoort.* On perfectionna cette arme et on la rendit portative. Comme elle était encore fort lourde, le tireur appuyait son extrémité sur une canne en fer dont il fixait en terre une extrémité et dont l'autre portait un crochet destiné à supporter l'arquebuse pendant le tir. De là le nom de haeckebussen (de *haeck* crochet et *busse* canon). Il est probable que les haeckebussen dont il est question dans le document cité plus haut étaient de petites pièces de canons, car l'auteur cite en marge l'inventaire suivant : *Metalen bussen* (canons en bronze), *Ryebussen met laden, ijseren bussen met sterthen, ijseren gelaet bussen, dobbel ijseren haeckbussen, steenbussen, slangen met kameren.* Les *steenbussen* étaient des bombardes lançant

Op die Scherder Thoren (Tour
  des retondeurs)   2 haeckbussen.
Op die Maria Thoren (1)   4   » en 2 slangen
Op die Thoren achter Nys
  Gielkens   3   »
Op die Curinger poort   { 4   »
                     { 3   » en 1 slang
Op die Schoenmakers Thoren
  (T. des cordonniers)   4   »
Op het Cattegat   4   » » 1 slang
Op die Kempische poort   6   »
Op die Thoren achter die

---

des boulets en pierre, les *slangen* étaient des couleuvrines, pièces
d'artillerie très-longues et étroites lançant des balles de plomb ou de
fer. Toutes ces pièces étaient très-petites, M. le Dr Bamps en possède
quelques unes provenant de l'armement de nos anciens remparts.

En 1542, le seigneur de Mombeek, chef militaire de la commune,
en prévision d'une attaque de la ville par le duc de Gueldres allié de
François Ier pendant la guerre de ce roi de France contre Charles-
Quint, fit acheter plusieurs canons de plus gros calibre et entre autres
une pièce pesant 1300 livres. Le compte communal de cette époque
renseigne aussi, en dépense une somme payée au *busmeester* (commandant de l'artillerie) pour le transport de 125 haeckebussen.

(1) C'est la fameuse *mangeuse de pierres* dont parle Mantelius. On
l'appelait aussi *slycksteen*. Lors de la démolition de nos remparts,
vers 1850, on hésita un instant à entamer cette énorme masse de
maçonnerie. On résolut de couvrir ce vieux débris de nos tours d'un
monticule de terre, mais il fallut renoncer à cette idée devant les
critiques soulevées par ce projet. Les Hasseltois avaient baptisé cette
butte du nom d'*Ezelberg*.

Susters (3)   5 haeckbussen

en 1 steenbusse

Op die Volre Thoren (Tour des
  foulons)   3   „

Op die Trichtere poort   6   „

Den Kleynen Smée Thoren
  (P. T. des forgerons)   3   „

Den Grooten Smée Thoren
  (G. T. des forgerons)   4   „   en 1 slang

Den Vleeschouwers Thoren
  (T. des bouchers)   2   „

Den Grooten Cremer Thoren
  (G. T. des merciers)   4   „   en 1 slang

Den Kleynen Cremer thoren
  (P. T. des merciers)   2   „

Ce recensement donne 65 *haeckebussen*, 6 *slangen* et 1 *steenbusse.*

A en juger par un dessin que nous avons trouvé dans les archives communales, la porte de Maestricht devait avoir un aspect imposant et former un véritable donjon flanqué de quatre tours, les unes cylindriques, les autres formées d'un demi cylindre présentant du côté de la ville une façade plane surmontée d'un pignon découpé en gradins. Celle de St-Trond semble, d'après le dessin du petit drapeau, avoir été percée dans l'axe d'une tour à base semi-elliptique.

____

(3) Appelée aussi *die laus*. Cette tour était située à l'entrée du Demer en ville, le *Cattegat* défendait la ville à la sortie de la rivière.

Ces tours étaient en général à deux étages. L'étage inférieur servait de corps de garde ou de prison, le supérieur contenait la herse avec l'appareil pour la descendre et la remonter et servait de magasin d'armes et de munitions. Elles étaient surmontées d'un toit conique (1) et percées de meurtrières. Un mur continu posé sur la crête d'un rempart en terre les reliait entre elles. Entre les tours se trouvaient, de distance en distance, de petites tourelles, espèces de guérites en maçonnerie, capables d'abriter deux ou trois hommes pour surveiller les abords de la place dans les intervalles.

Toute la circonvallation était entourée d'un fossé large d'une centaine de pieds (2). Ce fossé était alimenté par les eaux du Demer et partagé en quatre biefs communiquant entre eux par des aqueducs en maçonnerie. En cas de menaces d'attaque, on barrait le Demer à son entrée en

---

(1) Le compte communal de 1501 nous donne la hauteur de deux de ces tours. Voici ce que nous y trouvons : Cappe van den scutterstoren aen de schuttershoef hoog XXX voet, de voet XVIII st.

Cappe van den Pelserthoren hoog XXI voet, de voet 17 st.

La première de ces toitures conique avait donc plus de 9 mètres de hauteur.

A en juger par les dessins que nous avons, la figure de la toiture représente à peu près un triangle équilatéral, ce qui suppose que le diamètre de la tour était d'un peu plus de 8 mètres.

(2) Le compte communal de 1505-1506 nous indique qu'à cette époque la location de la pêche rapportait à la ville : 10 rg. pour le fossé du Cattegat, 10 1/2 rg. pour le fossé du rempart des cordonniers, et 8 rg. pour le fossé du rempart des sœurs jusqu'à la porte de Maestricht.

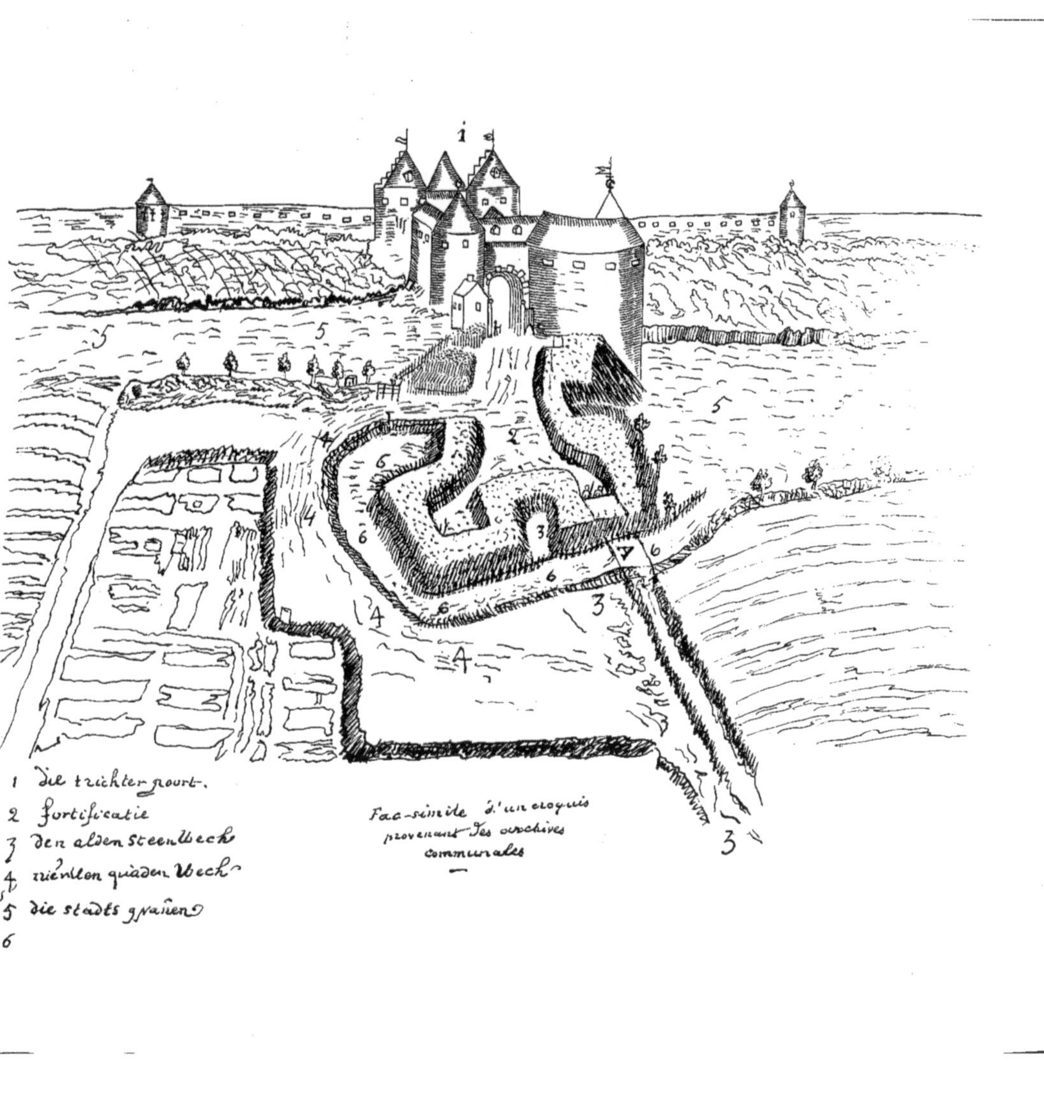

1 die trichter poort.
2 fortificatie
3 den alden steenwech
4 nieuwen quaden wech
5 die stadts grauen
6

Fac-simile d'un croquis provenant des archives communales

ville et on relevait le niveau des eaux dans chaque bief.
L'entrée et la sortie de la rivière étaient commandées
chacune par une tour (1).

Au XVIIe siècle, d'après le croquis dont nous avons parlé
plus haut, les abords de la porte de Maestricht étaient
défendus par un ouvrage en terre en forme de lunette.
Selon Mantelius, on avait élevé de son temps un ouvrage
pareil en avant de la porte de Curange.

Tel était le système de défense de notre ville pendant
le XVIe et une grande partie du XVIIe siècle. Ces fortifications n'empêchèrent pas l'évêque Gerard de Groesbeek
de se rendre maître de la ville, le 13 mars 1567, lors des
troubles de la réforme. Une brèche faite aux murailles
dans les environs de la rue du Beek et les incendies
provoquées par le bombardement hâtèrent la reddition
de la place (2). Les dégâts faits aux remparts furent
réparés quelque temps après.

----

(1) Un vieux dessin topographique d'une partie des environs de
la ville (côté Nord-Ouest) trouvé dans les combles de l'hôtel-de-ville
donne une vue fort informe de la tour du Cattegat.

(2) Voir à propos de ces évènements l'article intitulé : Hasselt
sous les Princes-évêques de Liége, dans le tome XXIV des bulletins
des Mélophiles. C'est lors de ce siège que fut détruit l'ancien béguinage
situé extra-muros en face de la rue du Beek. Nous voyons par le
compte communal de 1566-67 qu'un évêque suffragant (*een wijbuschop*)
est venu rebénir les églises profanées par les iconoclastes.

C'est le 14 novembre 1568 que Gerard de Groesbeek retira ses
soldats mis en garnison à Hasselt après le siège. Ils étaient au nombre
de 50 logés aux frais de la ville (compte communal de 1568-69),

A la suite de cette description des anciennes fortifications de la ville, quelques renseignements sur la garde de nos remparts et sur l'organisation de la milice citoyenne appelée à les défendre ne seront pas sans intérêt pour le lecteur.

La défense de la ville était confiée à une milice formée par les citoyens valides âgés de 18 à 60 ans et divisée en cinq sections dont une formée par les habitants de la banlieue, désignée sous le nom de *Buytingen* (1). Ces sections pouvaient mettre sur pied un millier d'hommes. Le cadre d'officiers et sous-officiers de chaque section était formé par un capitaine, un officier, un porte-drapeau, un ou deux sergents et plusieurs caporaux. Outre ces forces et sans parler des mercenaires que le magistrat prenait parfois à son service, dans des circonstances difficiles, on avait, pour la défense de la ville, la chambre des arbalétriers qui, d'après Mantelius, comptait 40 membres, celles des arquebusiers formée de 60 membres, la compagnie des jeunes gens formée de l'élite de la jeunesse des quatre sections et commandée par un corps d'officier spécial, et les auxiliaires des villages voisins qui jouissaient à Hasselt du droit de bourgeoisie. Le dénombrement des citoyens valides et l'inspection des armes se faisaient périodiquement. Il y avait en outre un maître canonnier payé par la ville

---

(1) Nous extrayons la plupart de ces renseignements d'un article publié par M. H. Van Neuss, intitulé : Episode de l'histoire de Hasselt, T. VII des bulletins des Mélophiles.

Les registres des ordonnances du Magistrat nous ont fourni les détails sur le service de la garde.

et astreint de fabriquer annuellement une certaine quantité de poudre. La poudre fabriquée à Hasselt jouissait d'une grande renommée.

Jour et nuit, même en temps de paix, il y avait, aux quatres portes, une garde chargée de surveiller les remparts et les abords de la ville. Une ordonnance des magistrats du 25 mars 1528 (1) porte de ce qui suit : Pendant le jour, on établira à chaque porte trois bourgeois bien armés, un sur le rempart près de la herse, les autres en bas, se relevant d'heure en heure. Le soir, quand le veilleur aura sonné le couvre-feu, il y aura quatre bourgeois se relayant d'heure en heure et on ne relevera la herse que quand le veilleur aura sonné la diane.

Si, à une des portes de la ville, il arrive quelque trouble, tous les bourgeois se rendront en armes à cette porte ; les femmes et les enfants resteront chez eux et ne pourront s'approcher des portes et des remparts que sous peine d'un *naeten sondagh* (?).

S'il se présente, devant une des portes, une compagnie de 4 ou 5 cavaliers ou plus, on ne pourra les laisser entrer, sans l'autorisation du bourgmestre.

Si un bourgeois qui n'est pas de garde est arrêté le soir ou la nuit sur les remparts, il paiera 5 *stuivers*, si c'est un étranger, on l'incarcérera et on le livrera à la justice.

Tout bourgeois aura toujours ses armes en bon état et fera consciencieusement son service de jour et de nuit ;

---

(1) Traduction d'une ordonnance insérée dans le Registre aux récez des magistrats, T. I, p. 113.

s'il est empêché, il mettra un remplaçant à agréer par le bourgmestre.

Une ordonnance du 9 octobre 1587 dit que les veuves, sauf celles qui vivent d'aumônes, doivent fournir comme garde un homme convenable et bien portant.

Une ordonnance de 1585 (1) prescrit de ne laisser entrer personne en ville après la fermeture des portes.

D'une autre du 25 avril 1621,nous extrayons les articles suivants : (2).

« Si le veilleur sonne l'alarme ou si quelques troupes de soldats passent à proximité de la ville, on fermera toutes les issues et tous les bourgeois qui sont en dehors, près des portes, entreront sans se laisser voir des soldats ennemis ou sans communiquer avec eux. Le contrevenant, que la nécessité ne forcerait pas de rester avec ses chevaux ou ses bêtes, sera passible d'une amende de trois florins d'or et ne sera pas indemnisé en cas qu'il reçut quelque dommage ».

« Lorsque le veilleur donne l'alarme ou qu'on sonne le tocsin, de jour ou de nuit, chaque garde devra se rendre, bien armé,aux remparts savoir : les bourgeois des environs de la porte de St-Trond entre cette porte et celle de Curange et ainsi de suite ; les canonniers, qui restent près de la place sur la Grand'place, les autres près de la porte la plus proche de leurs demeures, les arquebusiers se rendront à leurs tours avec leurs armes sous peine d'un florin d'or.

____

(1) Registre aux ordonnances du Magistrat T. I, p. 131.
(2) Registre aux ordonnances T. II, p. 70.

On ne pourra ouvrir les portes de la ville à moins qu'il n'y ait présents au moins deux archers et 6 gardes armés, etc... »

Nous remarquons encore, dans une ordonnance du 16 mai 1622, que tout capitaine, lieutenant ou garde surpris en état d'ivresse, quand il est dans l'exercice de ses fonctions, sera condamné à un florin d'or d'amende, et que le portier, le matin, devra remettre les clefs à un garde pour les porter chez le bourgmestre. Une ordonnance du 29 octobre 1654 change cette dernière disposition en indiquant la grand-garde comme dépositaire des clefs de la ville pendant le jour.

D'après une ordonnance du 22 juin 1531, le *bouwmeester* (préposé aux recettes et dépenses et à la surveillance des travaux) doit s'approvisionner de salpêtre et d'autres ingrédients pour faire la poudre et se procurer chaque année, 6 arquebuses. De plus, aucune pièce d'artillerie ne pourra sortir de la ville à l'insu des 12 métiers et sans une autorisation expresse du bourgmestre. Chaque année on en fera la visite et on en dressera l'inventaire.

La bravoure des habitants ou leur confiance dans la force de résistance des fortifications doit avoir beaucoup baissée, dans la dernière moitié du XVIIe siècle, car nous voyons, en 1675, lors des guerres de Louis XIV, le Magistrat, sur une simple sommation, ouvrir les portes de la ville aux troupes hollandaises (1). L'occupation dura

---

(1) Voir l'article de M. H. Van Neuss sur l'occupation de la ville par les Hollandais dans le volume V, p. 57 des bulletins des Mélophiles.

six ans. Au départ de la garnison, les Hollandais firent sauter les portes, les tours et les murs de la ville (1). Quelque temps après leur départ, le Magistrat fut averti qu'une troupe de 262 mercenaires allemands, à la solde de l'évêque Maximilien de Bavière, viendrait occuper la ville. Le Magistrat fut d'avis d'obtempérer aux ordres du Prince, mais la compagnie des jeunes gens (*de jongmans*) résolut de s'opposer à l'établissement de cette nouvelle garnison. Pleins de courage, ils s'avancèrent, le 2 janvier 1682, en ordre de bataille, contre les troupes allemandes ; mais, après un combat meurtrier près d'une prairie appelée de *Plankeweyde*, ils durent battre en retraite, en laissant vingt-deux morts et quatorze blessés sur le champ de bataille. (2).

Mais dès le milieu du XVIe siècle, les ingénieurs italiens avaient jeté les bases d'un nouveau système de fortifications (3). Vauban, en France, et Cohorn, en Hollande, avaient perfectionné ce système, dans le courant du XVIIe

---

(1) Voici ce que dit de *Beschrijving der steden van het land van Luyk*, p. 149 :

1675. Zijn de Hollandsche Troepen terwijl de Fransche Maestricht belegerd hadden binnen Hasselt gekomen.

1681. Hebben de Hollandsche Troepen Hasselt verlaeten, naer dat zij eerst de Poorten, Torens en Mueren van de stad hadden in de logt doen springen.

(2) Voir cet épisode de l'histoire de Hasselt dans le Tome VII, p. 53 des bulletins des Mélophiles.

(3) Schayes. Histoire de l'architecture en Belgique, 2me édition, Tome II, p. 341.

siècle. Aussi lorsqu'un commandant des troupes hollandaises,
le Prince d'Auvergne, vint tenir garnison à Hasselt, il fit
démolir une partie restante des murs pour la remplacer
par des retranchements en gazonnement à l'effet de mettre
la ville à l'abri d'un coup de main (1).

Ainsi disparut la majeure partie de nos murailles du XVIe
siècle. Les *Delices du pays de Liége* donnent une vue de
Hasselt après le démantèlement (2). Le plan parcellaire
de la ville en six feuilles datant du milieu du siècle passé
donne sur une de ses feuilles le tracé de nos remparts à
cette époque. Nous y voyons les 4 portes de la ville avec
leurs tours, mais, des autres ouvrages en maçonnerie, il
ne reste plus que le *capucienethoren* indiqué à l'emplacement où se trouve actuellement la demeure du préfet de
l'athénée ainsi que des vestiges du *slycksteen* et du *laus*.
Les remparts sont couronnés d'une double rangée d'arbres
et devant la porte de Curange et de Maestricht on voit
les traces d'une espèce de fortification avancée en forme
de lunette. L'allée d'arbres qui couronnait les remparts
devint la promenade favorite des Hasseltois.

La situation resta à peu près la même jusqu'en 1832.
A cette époque le Gouvernement belge, de peur d'une

---

(1) Voici ce que nous trouvons dans la *Beschrijving der steden van
het land van Luyk*, p. 150 : « In 1705 kwam den Prince d'Auvergne als
Gouverneur met de Hollandsche Troepen binnen Hasselt en heeft de
steene Mueren rontom Hasselt op verscheyde plaetsen doen afwerpen,
laetende de zelve maken van Risch, Hout en Aerden. »

(2) Délices du Pays de Liége, Tome IV, p. 270.

nouvelle invasion hollandaise, résolut de renforcer notre système de défense. Des lunettes furent établies devant chaque porte et au quartier appelé het *dorp*. Un fort avancé fut créé a une certaine distance de la ville au point où le vieux Demer traverse la chaussée de Zonhoven. Un magasin de cartouches et de munitions de guerre fut creusé dans le terre-plein du rempart situé à mi-chemin de la porte de Curange et de celle de la Campine. Les arbres qui couronnaient les fortifications furent abattus et la chaussée de Zonhoven fut détournée à l'entrée de la ville (1).

En 1845 l'autorité militaire résilia le bail des fossés et des remparts et remit ceux-ci à la disposition de l'autorité communale (2). Le collége échevinal saisit cette occasion pour proposer au conseil la démolition de notre enceinte fortifiée et son remplacement par des boulevards. Cette proposition fut adoptée et, au mois de février 1846, on mit la main à l'œuvre. C'est ainsi que fut entamé ce grand et beau travail d'assainissement et d'embellissement qui transforma nos vieux remparts en élégantes promenades (3).

---

(1) Un décret impérial du 15 décembre 1805 avait déclaré, les fossés et les remparts, propriétés de la ville.

(2) Voir Hasselt sous Leopold Ier, t. XXVIII, pp.30 et 31, des bulletins des Mélophiles.

(3) D'après un rapport présenté par M. Magis, dans la séance du conseil communal du 12 décembre 1856, la construction de nos boulevards a duré 8 ans et a coûté, avec les travaux accessoires, la somme de 209,722,14 francs.

Un plan des fortifications dressé par le Génie militaire belge, dont

PLACES PUBLIQUES ET RUES DE LA VILLE

En regardant, avec un peu d'attention, un plan de Hasselt, on ne tarde pas à remarquer une différence caractéristique dans la topographie des deux parties de la ville séparées par la grande ligne de communication qui du sud au nord relie la porte de Liége à celle de la Campine.

Dans le secteur ouest, la plupart des grandes rues sont sensiblement rectilignes et parallèles et suivent une direction générale de l'ouest à l'est, telles sont la rue des Chevaliers, le Marché aux vaches, la rue de la Chapelle, la rue Vieille, la rue du Lombard et celle des Récollets. Des ruelles coupent ce quartier en espaces plus ou moins rectangulaires.

---

nous possédons un calque, indique cinq bastions à l'emplacement des anciennes tours dites 1° *Die laus*, 2° *Cattegut*, 3° *Schoenmakers thoren*, 4° *Slycksteen*, 5° *Capucienen thoi en*. Sur ce plan ne figurent pas les ouvrages avancés des quatre portes. Il se rapporte à une situation postérieure à la démolition de ces ouvrages. Ces derniers étaient établis sur des propriétés particulières riveraines, prises en location par le Gouvernement et restituées aux ayant-droit après la démolition des ouvrages avancés, quelque temps avant la remise des remparts à la ville.

Il existe encore un mur du magasin à poudre de la ville du temps des Princes-Évêques de Liége, entre la maison occupée par le Directeur du moulin à vapeur et un jardinet dépendant de l'ancien hôpital militaire (ci-devant couvent des Dames blanches). On y voit encore des gonds en cuivre dans l'encadrement en pierre bleue d'une lucarne. (Note communiquée par M. J. Swennen).

3

Dans la secteur dirigé vers l'est, les rues sont curvilignes et tortueuses, telles sont : la rue de Maestricht, la rue Meldert, le Sauvelmarkt avec son prolongement la rue des Bons Enfants, l'ancienne rue des Capucins et son prolongement vers le Boulevard. Les rues de ce secteur sont dirigées pour la plupart du sud au nord et coupées par des rues secondaires découpant le quartier en espaces de forme irrégulière, en général plus vastes que ceux de l'autre secteur.

D'un côté, on dirait que c'est le hasard qui a déterminé le tracé des rues, de l'autre on s'aperçoit qu'il y a une cause déterminante, une volonté raisonnée qui a présidé à leur direction. Cette cause nous croyons la trouver dans l'établissement de la cour des comtes de Looz, à Curange, vers l'an 1180 (1).

Il est probable que les premières habitations de Hasselt ont été établies le long du Beek (2), mais principalement sur la rive droite de ce ruisseau. C'était le seul cours d'eau, d'une certaine importance, qui, à l'époque primitive, traversait l'emplacement, car le nouveau Demer, qui passe par la ville, est un canal creusé par les comtes de Looz pour faire mouvoir un moulin et fournir de l'eau aux habitants (3). La direction des

---

(1) Voir : Hasselt sous les comtes de Looz dans le Tome XXI des bulletins des Mélophiles.

(2) Ce ruisseau aujourd'hui voûté, sur son parcours en ville, sert actuellement d'égout. Le nouveau Demer depuis la chapelle du Peerdsdemer jusqu'à sa sortie, au boulevard du canal, a emprunté le lit de ce cours d'eau.

(3) Mantelius, *Hasseletum*, p. 12.

rues du secteur occidental, toutes tournées vers Curange, semble devoir fixer la date de leur construction à une époque postérieure à l'arrivée des comtes souverains dans nos environs.

Nous croyons trouver, dans la topographie de la ville, les traces de deux chemins antérieurs à la construction de nos remparts et partant tous les deux des environs de la porte de la Campine, pour déboucher, hors ville, l'un au *Boomkenstraat*, l'autre à l'ancien chemin de Liége. (1)

Le premier, dans notre hypothèse, aurait suivi la rue de l'Hôpital, la rue Isabelle, la rue du Village, le Marché au bois, le *Maagdendries* et de là aurait traversé les maisons en face de cette dernière rue, au lieu dit *de Vuylbeke* et se serait engagé directement dans la *Boomkenstraat* à l'endroit où se trouve actuellement le passage à niveau du chemin de fer. Lors de la construction des remparts, on aurait détourné, toujours d'après notre hypothèse, cette ancienne voie au moyen d'un chemin débouchant par la porte de Curange et longeant extérieurement le fossé d'enceinte entre cette porte et la *Boomkenstraat* qui servait probablement, dans le temps, de grand chemin pour aller à St-Trond. (2)

----

(1) Il est à remarquer que le *Boomkenstraat* et l'ancienne route de Liége ont, aux points indiqués, une direction normale à celle de nos anciennes fortifications.

(2) L'ancienne enceinte reste sur un long parcours, mais à une certaine distance, parallèle à ce chemin. Elle n'était accessible, de l'intérieur de la ville, que, par de courtes ruelles et les 4 portes.

Le second aurait passé par la rue des Dames-blanches, celle des Bons-enfants pour suivre, à partir de la chapelle du Peersdemer, le cours du Beek jusqu'à l'emplacement actuel du collége St-Joseph où il se reliait directement à l'ancienne route de Liége. Le détour qu'on est obligé de faire actuellement pour atteindre cette route, à travers les établissements de Mr Villers, nous semble un argument sérieux en faveur de cette hypothèse.

Il est d'ailleurs à remarquer que les deux tronçons de route, qui reliaient les portes de la ville à la *Boomkenstraat* et au chemin de Liége, étaient les seules voies qui côtoyaient les fossés de l'enceinte. D'après les anciens plans, des champs et des jardins bordaient le reste du pourtour.

Nous croyons trouver un autre indice de l'existence d'une issue par la rue du *Beek* dans la direction d'une ancienne rue actuellement disparue du plan de la ville. Cette rue, qui prenait son origine à l'endroit où se trouve maintenant la cour de l'hôtel du Limbourg et coupait obliquement la rue Neuve (1), à la hauteur de l'Hôtel de la Poste aux lettres, pour aboutir au *Beek*, portait le nom de *Joedenstraet*, (rue

---

(1) Le percement de la rue Neuve ne paraît pas avoir été fait en une fois si l'on en juge par les deux dénominations que l'on trouve dans les anciens actes. On y parle d'une *alde nieuwe straet* (vieille rue neuve) et d'une *nieuwe straet* tout court. Là *alde nieuwe straet* nous semble désigner la partie la plus rapprochée de la porte de Liége. Le tracé de la Joedenstraet semble indiqué par l'égout qui part du Marché aux vaches et traverse la rue de Liége à la hauteur de l'Hôtel de la poste.

des Juifs). Elle a été supprimée à la fin du siècle dernier, car elle est encore citée dans les actes scabinaux du milieu de ce siècle. Même dans une ordonnance du magistrat du 8 novembre 1519, sur l'emplacement des marchés, nous trouvons que cette dénomination de *Joedenstraet* s'étendait à la partie du Marché aux vaches, depuis le point indiqué plus haut jusqu'au *Maagdendries* (1). Le tronçon de la *Joedenstraet* qui confine à la rue du Beek porte, dans les anciens documents, le nom de *Engeland* (2).

---

(1) Voici un extrait de cette ordonnance :

Item den lintmerkt sal men halden in die Joeydenstraet van Leynen Stasse huys en de sovort voor die Celbroeders tot die Coetelstege toe op die peine verschreven.

Item den veedmerkt (Marché-au-bétail) sal men halden in die Juedenstraet aen die stynen putte, en den verkensmert sal men halden aen den hulten putte tot Aert Gilkens huse toe op die peine verschr.

Item den pertsmert sal men halden in die Juedenstraet lanx aen den moer achter den Augustynen kloister op die peine verschr.

Item den *vieirt merk* (*marché passager*) van hout en colen sal men halden in die selve Juedenstraet van Aert Gilkens tot Aert Bormans husse op die peine verschr., etc.

Registre I, fol. 18, des ordonnances du magistrat.

(2) La *Joedenstraet* ne devait pas être une rue bien opulente, car dans les registres aux actes scabinaux de 1693 à 1796, nous ne trouvons renseignée qu'une maison d'une certaine valeur. Le coin de la Joeden-straet et du Marché aux avoines était, au XVIIe et une partie du XVIIIe siècle, *occupé* par l'ancien Hôtel-de-ville. L'hôtel du Limbourg s'élève maintenant sur cet emplacement. Il a empiété sur la voie publique, antérieurement beaucoup plus large en cet endroit. Le reste de la rue confinait au couvent des frères Cellites et aux cours des maisons de la rue Neuve. Les actes scabinaux précités nous renseignent dans l'*Engeland*, l'existence d'une tannerie et d'une distillerie.

Dans ce qui précède, nous avons dû glaner beaucoup dans le champ des hypothèses parce que les documents antérieurs au XV° siècle sont très rares parmi nos archives. (1) Nous allons maintenant, dans la description de nos anciennes places et rues, marcher sur un terrain plus ferme. Et comme dans toute ville, la Grand'place peut être considérée comme le cœur de la cité, c'est par elle que nous commencerons.

La Grand'place a toujours servi d'emplacement au plus important de nos marchés, le marché aux grains. Mantelius, dans sa topographie de la ville, citée au commencement de cet article, nous donne une idée de son importance au milieu du XVII° siècle. Par une ordonnance du 8 novembre 1519, le magistrat prescrit aux conducteurs de chariots vides venant de la Campine de ne pas dépasser la rue Vieille et de ranger leurs véhicules le long de cette rue et la rue du Démer (2); il échelonne, en même temps, comme nous l'avons vu (3), les marchés au lin, au bétail, aux porcs, aux chevaux, au bois, au charbon le long de la rue appelée actuellement marché

------

(1) Voir dans les Tomes IV et VIII des bulletins des Mélophiles, deux analyses des registres des ordonnances du magistrat.

(2) Voici l'article de cette ordonnance concernant cette prescription :

Item men sal weten dat die ydel karren uit die kempende komende niet naerder dan mert comen en sullen nocht uutgespannen werden in die demerstraet dan tot die kerkhoff maer toe, end sovort die auwestraet in, op die peine verschr. (La rue Haute faisait dans le temps partie de la *Demer traet*).

(3) Voir plus haut en note.

aux vaches et désignée autrefois sous le nom de *Joeden-straet*.

Autour de la place s'élevaient, au XVIe siècle, outre la Halle aux draps (1) et le local des arquebusiers (2), plusieurs hôtels ou auberges établis au *Sweert*, au *Helm*, au *Valck* et au *Wildeman* (3) ainsi qu'une maison portant pour enseigne de *Gulde hand*, demeure d'un grand négociant ou banquier nommé Jean Eyben (4). La maison de *Goudbloem* actuellement démolie occupait également, déjà à la fin du XVe siècle, le coin de la rue Neuve et

---

(1) La Halle aux draps était située sur l'emplacement actuel de la Société littéraire. On trouve des renseignements nombreux sur ce monument dans la conférence donnée par M. le docteur Bamps et publiée par M. Ceysens, sur l'histoire du local occupé par la Société littéraire de Hasselt.

(2) Le local des arquebusiers maintenant la maison de feu M. Maes.

(3) Le *Sweert* est la maison qui occupe le coin de la place et la rue de la Chapelle. Elle a été rebâtie en 1639.

Le *Helm* est la maison située au coin de la place et la rue Haute.

Le *Valck*, établissement servant actuellement de local à la société royale des Ware Vrienden et à celle des Mélophiles.

Le *Wildeman* était joignant à la *Goudbloem*.

On trouve des particularités sur ces maisons dans l'article consacré par M. Bamps, dans dans le XXVe volume des bulletins, à l'histoire de la maison du Valck.

(4) Le *Gulde hand* n'était séparé du *Helm* que par une maison intermédiaire. Les archives possèdent un petit registre de ce Jean Eyben où il renseigne ses revenus et en même temps l'indication de l'endroit où il cachait son argent. Voir sur ce Jean Eyben : l'histoire de la maison du Valck, loco citato.

pouvait naguère encore donner une idée des constructions de cette époque.

En temps de Kermesse, les marchands forains dressaient, comme cela se fait encore maintenant, leurs échoppes sur la Grand'place. Une ordonnance du 9 septembre 1535 nous révèle l'existence en ce lieu d'un perron et d'un puits (1). Le perron était dressé en face de la Halle aux draps dont le rez-de-chaussée servait à cette époque d'Hôtel-

---

(1) Voici cette ordonnance qui nous paraît assez curieuse pour être publiée in extenso :

« Dat nyemants van den Krameren op den merct voir zyn duere craemen en salt voerder dan binnen die zauwen op die pene soe deck dat geschiede voer VI str.

Te craemen

Van den style van Jan Eyben huyse aen Ryem Sleigtre zyde aengaende tegen oner in den merct, IX voet van de zauwen te setten thort van hunnen kraeme, en de van dan so vord aen te kraeme dael warts na die kerk en de binnen skraems VI voet en de die plancken oick alsoo. Soe we contrarie deit, soe deck dat gebuert, sall verbueren sesse stuivers in dryen.

Achter de craeme van de kremeren (*marchands forains*) sulle die schoenmeckers haert aen staene rugge by rugge en hun krame niet wyer dan die kremeren kraeme op die pene verschr.

En de die daer op zyde niet gestaen en konnen, sullen op die andere tegen oner kramen, soe wyt als dat daer twee wagen tusschen beyde gemeckelick doer vaeren moghen. En de van dan op de eynde der schoenmeckeren sullen die salt kremere en kremeressen (*les vendeurs et les vendeuses de sel*) haert aen kraemen, dael warts met honne tafelen.

Achter die andere schoenmeckeren zyde en zalt luyden ryde sullen kraemen die keyse luide (*marchands de fromages*) honen en de daer na die smeede (*forgerons*).

de-ville. Il consistait probablement, comme dans les autres villes du Pays de Liége, en une colonne de pierre élevée au dessus d'un socle de une ou deux marches et surmontée d'une pomme de pin (1). Le puits formait un édicule

---

Die penssluyde (*charcutiers*) sullen staen des merckts daechs daer die keysluide pligen te staen te weten van den *peroen* nader Nuwestraet werts.

Tusschen den *peroen* en den *marit put* en sal nyemandt kraemen om die vaert niet te benemen, dan sall all open blijven.

Die beckeren (*boulangers*) sullen staen lanx den *merct put* ten helm werts, dat zy die vaert neet en benemen op d'een zyde en op d'ander zyde doer te vaeren en de van die bancke van den helm dael waerts sullen oick beckeren staen.

Die vreemde bekeren, aen s'rentmeesters nuwe huys, lanx den kerck maer dael waerts.

Die dryakel meesters (*les charlatans et médecins empiriques*) sullen staen lanx aen den Wildeman. (*)

Die kerren sullen staen soe lage geordeneert is.

Registre I des ordonnances pp. 106 et 107.

On dirait d'après ce qui précède que le perron se trouvait à la hauteur de la maison de feu Mr Maes et que, en face de l'autre côté de la voie, se trouvait le puits. Le Perron se trouve représenté sur un tableau de la sacristie de l'église Notre-Dame.

(*) Dans le mystère de *Eerste Bliscap van Maria*, Vers 1453, p. 385 (édit. Moltzer) on trouve :

    Daer gel een medicyn afsyl,

    Ende een *triacle* int generale.

Triacle signifie proprement *tegenvergif*. Il est employé ici comme médecine. Q. Kiliaen écrit *disriaeckel*. (Renseignements fournis par Mr C. Huysmans, professeur agrégé à Bilsen).

(1) Au commencement du XVIe siècle le perron s'élevait sur le *Sauve'merk* comme il résulte du compte communal de 1505—1506 où nous trouvons l'indication suivante : *Aen den peroen op den Sauvelmerk te maken, 4 rg.*

surmonté d'un toit conique porté par quatre ou six piliers.

Un tableau datant de la fin du XVII° siècle qui se trouve dans la sacristie de l'église de Notre-Dame, donne une vue des maisons d'un côté de la Place à cette époque.

Mantelius dit que de son temps, il y avait à Hasselt un marché important de poissons de mer qui de là étaient expédiés dans les différentes villes du Pays de Liége. Plusieurs ordonnances (1522, 1537, 1539, 1542, 1543, 1547, 1583) très curieuses, mais trop longues à reproduire nous donnent une idée de l'importance de ce marché à cette époque. Le poisson de mer frais amené par les marchands se vendait à la criée, au rabais, au coin du Marché au beurre et du *Sauwelmerkt*. Il était préalablement déclaré propre à la consommation par deux experts (*geswoerene kuermeesters*) dont l'un était nommé par le métier des merciers et l'autre par celui des bouchers. Il ne pouvait être vendu que par une personne désignée par l'administration (*indmeester*). La marchandise était déposée sur une table en pierre (*Indenensteen*), séparée du public acheteur par une corde

---

Aen den appel van vnsrchr peroen, 2 rg. 5 st.

Twee ysere banden gearbeil, 26 pont loeds en de appel te setten, etc.

Dans le compte de 1508—1509 on cite encore le perron sur le *Sauvelmark*.

Par le compte de 1567-68 nous voyons qu'un maçon de Liége est venu restaurer la perron au Marché probablement détérioré pendant le siége de Gérard de Groesbeek, ou les troubles de la Reforme.

Le même compte nous signale l'enlèvement de la potence élevée sur la Grand'place à l'occasion des mêmes troubles.

soutenue par des poteaux (1). Dans cette enceinte réservée ne pouvaient pénétrer que le marchand, l'*indmeester* et les deux experts.

La nomination de l'*indmeester* et des experts se faisait chaque année, le matin du dimanche du grand carnaval. Aussitôt après leur prestation de serment devant le magistrat, l'*indmeester* et les experts se rendaient au marché pour le tirage au sort des places réservées aux vendeurs de poisson de rivière dont les bancs étaient disposés sur deux rangs des deux cotés de l'enceinte réservée à la vente du poisson de mer. Les vendeurs de poissons salés ou fumés avaient leurs échoppes à la suite des vendeurs de poissons de rivière. D'autres emplacements, tels que la rue Courte, leur étaient désignés dans le cas d'encombrement.

Le restant de la rue du *Sauvelmerckt* qui était plus large que maintenant, avant l'envoûtement de la rivière, travail qui ne fut réalisé qu'à la fin du XVIe siècle, était consacré à la vente du sel (2), du beurre, du fromage et des poteries.

---

(1) Nous nous rappelons avoir vu, dans notre jeunesse, la table consacrée à la vente du poisson. Elle était entourée de piliers en pierre reliés entre eux par des chaînes en fer.

(2) Voici un extrait d'une ordonnance du 25 novembre 1576 sur ce marché :

By Schoutet, Burgemeesteren, geswore en de raedt is geordineert dat soe wys met den saltcraem op den merckt vorts doen willet dat hy sal vorts doenen de craem halden op de beycken in den Suyvelmerck en niet op de Groten mert, en sullen staen in de reye alsoe dat die leste staen sal aen de put en soe vervolgens opwerts nae den vismerkt.

La vente de la volaille (*gansen, hoennen, capuynen oft anders gevuchelt*) devait se faire, d'après une ordonnance du 5 sept. 1525, sur la Grand'place à dix pas du perron.

L'emplacement du marché aux toiles et au lin est fixé, par une ordonnance de 1555, à l'entrée de la rue Vieille jusqu'au premier puits ; le reste de la rue est réservé au marché aux fil et aux sabots.

Le marché au tan (*die schorsmerckt*), car, aux XVIIe et XVIIIe siècles, la tannerie formait une industrie assez florissante dans notre ville (1), se tenait à l'emplacement occupé actuellement par le marché aux pommes de terre, emplacement qui a été élargi, vers 1870, par la démolition d'une ancienne auberge appelée le gland (*die eeckel*).

La place actuelle des marchés aux poulets, aux fruits et aux poissons de rivière était occupée, avant la révolution française, par le cimetière communal. Le premier

---

Voici un autre extrait de la même ordonnance :

Item die hollans kese oft vlaemschen kese op de merct vorts doen, willen sullen hon craemplaetse hebben op den voerschrevene hoick achter die salt cramen.

Item dat niemant en sal erden of steenpat werck op den Zuyvelmert voerts doen buyten die zauwen.

Item den Botermerct sal gehalden worden tusschen den put en de einde van die beicken nederwerts op pene van XXI st. in drye.

(Registre I des ordonnances T. 202).

(1) Ces tanneries étaient établies, la plupart, près de la rue du Beek, ce qui prouve qu'à cette époque ce ruisseau que nous avons vu à sec en 1893 donnait jadis une eau claire et beaucoup plus abondante.

champ d'inhumation a été établi probablement au côté sud de l'église, il était clos d'un mur dont on a trouvé des traces, lors de la construction de quelques maisons du voisinage.

On le désigne encore quelquefois sous le nom de vieux cimetière, mais plus ordinairement sous la dénomination de cimetière des pauvres (*arme kerkhof*), par opposition à celui qui se trouve de l'autre côté de l'église (*rycke kerkhof*). Cependant dans les derniers siècles, l'inhumation se faisait indifféremment dans l'une ou l'autre section. Les prêtres et les personnes de marque étaient enterrés dans l'église ; les religieux et les religieuses des différents ordres l'étaient dans l'église de leur couvent (1). Le marché aux poulets actuel servait spécialement à l'inhumation des enfants et était séparé de la rue haute par un mur percé d'une porte donnant accès à un chemin menant à l'église. Les victimes des épidémies, si fréquentes aux siècles passés, étaient enterrées dans une annexe du cimetière, appelée le *Pestkerkhof* ou cimetière des pestiférés. Cette annexe avait une issue sur le marché au beurre. Son emplacement est occupé actuellement par des propriétés particulières (2).

---

(1) Lors des changements faits à l'ancienne église des Augustins pour l'établissement d'un local pour les sociétés des Ware Vrienden et des Mélophiles, on a déterré une quantité de débris de cadavres.

(2) Pendant l'occupation de la ville par les troupes hollandaises de 1675 à 1681, on a enterré dans le sous-sol de la vieille halle aux draps (local actuel de la Société littéraire) plusieurs soldats de la garnison. On y a enterré, à ce qu'il parait, au même endroit deux juifs assom-

Nous ferons remarquer que toute la surface servant à l'inhumation ne communiquait avec le reste de la ville que par des ruelles très étroites telles que le *Kolfsteeg*, la rue Courte, celles qui menaient au marché au beurre et au marché au tan.

La place qui se trouve derrière l'hôtel de ville et sert actuellement de marché au bétail a été créée vers 1779 sur l'emplacement du jardin d'une propriété acquise à cette époque par la ville pour y établir le siège de l'administration communale (1).

La construction du Palais de Justice en 1842 a fait disparaître une petite place qui longeait l'ancienne église des frères Cellites démolie à cette époque. Cette place servait au XVIe siècle, de marché aux porcs et était occupée en partie par une mare désignée sous le nom du *Joedenpoel* (mare des juifs).

L'extension prise par le couvent des Augustins a fait supprimer une ruelle qui, passant devant leur église, reliait la rue de la Chapelle au Marché aux vaches. L'emplacement de cette ruelle qui portait le nom de *persiliesteege* (ruelle du persil) est encore facile à reconnaître.

Par contre on a percé, pendant le moyen-âge, la ruelle

---

més par la population pour avoir été pris en flagrant délit de vol, ainsi qu'un pauvre acrobate qui s'était rompu le cou pendant un de ses périlleux exercices.

(Histoire du local occupé par la Société littéraire de Hasselt par le Dr Bamps).

(1) L'hôtel de ville actuel fut acheté aux héritiers de Messire Adrien de Heusch.

du cygne qui relie la rue Vieille à la rue du Lombard, comme il résulte de l'extrait suivant d'un registre de nos établissements charitables.

« De stad en gemeynte van Hasselt gelt jaerlyk een pond
» hessels wordende betaelt met dry stuyvers vallende half
» meert, van de nieuwe stege gaende van de Alde naer de
» Lombaertstraet, te vooren, huys en hof van Geert Mathys
» door Mathys van Diest gelegateert om aan de XII apos-
» telen op palmensondag ieder een haring te geven (1).

La rue du Démer était encore, il y a vingt-huit ans, reliée à la rue Haute par une partie rétrecie qui n'avait pas plus de six mètres de largeur et qui portait le nom de *rechte Demerstraet*. Un accord intervenu entre le Gouvernement et la ville en 1865 a fait disparaitre cet obstacle à la facilité des communications et porté cette partie de la rue à une largeur de 12 à 15 mètres.

---

(1) Cette note est extraite d'un registre ayant pour titre : *Legaat van den Eerweerden Heer Joannes Goermans in syn leven Pastoor des Begynhof buiten de St-Truiden poorte van Hasselt gemeynleyck genaemt het legaat des sondaghs wittebrood.*

Le registre date de 1793 mais il renvoie, pour la note en question, à des registres antérieurs. Comme le béguinage hors la porte de St-Trond a été détruit en 1567 lors du siège de la ville par Gérard de Groesbeek, il est probable que le percement de cette ruelle est antérieur à cette date.

Nous ferons remarquer, pour l'explication de cette donation, qu'il était d'usage, dans le temps, de laver, dans l'église, le jour des rameaux, les pieds de douze pauvres censés représenter les 12 apôtres.

D'après le registre précité la rente a été payée jusqu'en 1792.

Quelques unes de nos rues ont subi des changements de nom à la suite de l'établissement des couvents en notre ville. Ainsi la rue des Récollets s'appelait dans le temps *die Vleminxstraet* (rue des flamands) ; la rue des Capucins portait le nom de *Warmoestraet* (rue potagère) ; la rue des frères Cellites était nommée, dans d'anciens actes, tantôt *coetelstege*, tantôt *koetelstege*, et tantôt *keistelstege* ; la rue des Bons-enfants est encore désignée parfois sous le nom de *Blinde-muilre straet*.

Nous avons trouvé dans les actes scabinaux d'autres changements dans les dénominations de nos rues. Ainsi nous y rencontrons, dans les plus vieux registres, une *Wolborgstege*, dont le nom se transforme successivement en *Walbesie-stege*, *Waelpotstege* pour devenir la rue dite *Waelputstraet*.

La ruelle, qui conduit de la rue de la Chapelle à la rue vieille, porte, dans les anciens actes, le nom de *Gomberstege*. Le carrefour formé par le rue du Village, le Marché-au-bois et la ruelle conduisant au square du boulevard du canal est désigné sous le nom de *Op den hort*. Dans les actes du siècle passé, on ne trouve que les indications : *aen de Curinger poort* et *achter de molen* pour désigner la rue de Diest et la rue Isabelle. Le nom *Op de Vuylbeek* est encore quelquefois employé pour désigner l'extrémité sud de la rue dite *Maegdendries* (1).

------

(1) La traduction de la *persoonstraat* et de la *beerestraat* par rue d'une personne et rue aux ours nous paraît vicieuse. Le mot *persona* était le titre qu'on donnait autrefois au chef de la paroisse. Ainsi *persoon-straat* doit être traduit par rue du curé. Le radical *beer* nous semble

La plupart de nos rues, n'étaient pas pavées au commencement du XVIe siècle, époque où cependant une industrie florissante devait amener un certain bien-être au sein de notre population. Les principales seules avaient un pavage très-primitif formé de pierres ramassées dans nos environs et faciles à déchausser (1). Les comptes communaux signalent, comme un fait extraordinaire, l'établissement d'un passage pavé devant une maison particulière où devait se célébrer une noce importante (2). Même au

---

désigner plutôt le verrat que l'ours, ce dernier animal n'étant pas indigène dans nos contrées, la *beerestraat* devrait porter le nom de rue aux Verrats.

(1) Nous trouvons dans le registre aux recez T. I, p. 172, une ordonnance qui condamne celui qui, pendant la nuit, enlève des pavés des rues, à un bannissement d'un an et à une amende de 3 thalers à payer à son retour.

(2) Bulletins des Mélophiles, T. XVIII, p. 31. Les pierres servant au pavage des rues venaient de Genck et de Horpmael où la ville les faisait chercher d'après le compte communal de 1545-1546.

Voici les indications que nous avons trouvées dans les comptes du XVe et XVIe siècles, compte de 1493-94 : *drij dagen gekatzyt aen die Perts demer.*

Compte de 1505 à 1506 : *gekatzyt in de Badderyestrael op den voetpad.*

Compte de 1531 à 1532 : de *heele Demerstrael tot aen die roose gekatzyt en de aen die brucke van den Helm.* Ce dernier poste nous indique qu'à cette époque la rue Haute faisait encore partie de la *Demerstrael* et que, vers le marché, il y avait un ponceau pour l'écoulement du ruisseau de décharge des eaux pluviales et ménagères, dont plus d'un traversait les rues de la ville. Ces ruisseaux s'appelaient *Winterbreke.*

4

commencement de ce siècle, il existait encore des rues
où le pavage était inconnu (1).

Comme une grande partie de la population se livrait à
la culture des terres et à l'élève du bétail, les habitants
se gênaient peu pour déposer, dans la rue, devant leurs
habitations, des tas de fumier. Maintes fois on trouve,
dans les registres aux ordonnances, l'ordre d'enlever ces
tas dans les rues que devaient traverser soit une procession
soit la cortège d'un Prince-Évêque ou d'une autre personne
de distinction. Il n'y a qu'à lire les règlements communaux
publiés en 1716 sous le nom de *Privilegien statueten en
de reglementen der stadt Hasselt* pour se rendre compte
de l'état pitoyable de nos rues et de la désinvolture avec
laquelle on négligeait d'observer les principales lois de
l'hygiène (2).

---

(1) La rue qui a été pavée en dernier lieu est le *Draetbaan* près du
moulin. Ce pavage a été établi quelques années après l'ouverture du
canal.

(2) Nous extrayons des *Politieke ordonnantien* les articles suivants :
XLVII. Considerende dat het mest en de andere vuyligheden groote
infectien en de andere inconvenienten komen te veroorsaecken, wort
geordonneert dat een igelyck van wat conditie ofte qualiteyt hy sy,
sal schuldig syn de straeten voor syn huys ofte erven in de stadt, ten
minstens eens ter weken, ofte saterdaeghs, te keeren, en alle goten
ofte sauwen te suyveren van dreck ende vuyligheit, op pene van eenen
gault gulden, item dat alle vuyligheit der straeten, mest en de bouw-
eerde op amende voorschr. niet meer als 2 weeken op de straeten en
sal blyven liggen, maer sal binnen den selven termyn wegh gevoert
worden op pene daer-en-boven dat het mest naer gemelden termyn
door de stadts dienaers instantelyck sal meugen op-geladen worden,

Au commencement de la journée, nos rues étaient envahies par de nombreux bestiaux assemblés, au son du cor, par le vacher de la ville, pour être dirigés vers la bruyère communale qui s'étendait encore, au milieu du

---

en de geconfiskeert, ordoneerende vorders, dat niemand eenigh mest ofte vuyligheyt sal werpen voor, ofte ontrent syne huysen welcke gelegen syn op eenige van de merckten ofte ontrent andere publieke stads plaatsen, putten, pompen ofte inganck der kercken op pene van twee gaut guldens.

XLVIII. En de om alle stanck te beter uyt de stad te keeren, wordt wel serieuselijk verboden aen alle inwooners deser stadt eenighe quantiteyt van conynen, duyven ofte verckens te houden in haere huysen welcke ghelegen syn in 't midden dezer stadt, ofte niet en hebben eene open lochte van ten minsten 30 voeten in 't vierkant op pene van 3 golt guldens, en de confiscatie der selve.

XLIX. Wort oock wel serieuselyck ende expresselyck verboden, dat niemant den dreck der secreten en sal uytgieten op eenighe publiecke straeten, maar draeghen ofte doen draeghen in de riviere, op pene, wie bevonden wort contrarie ghedaan te hebben, van thien gaudt guldens, sullende oock dusdaenighe persoonen met eenen wettighen ghetuyghen, die sulcks s'nachts gesien heeft, overtuyght werden, ende den aanbrenger sal het derden deel der gheseyde amende ghenieten, ende synen naem ghesecreteert blyven.

L. Ende alsoo bevonden wordt datter eenige inwoonders op die gheweyde aerde selfs, ofte den kerkhof, tegens alle eerbiedinge, door de heydenen oock, aan de graf-plaatsen betoont, dreck ende secreten derven uytgieten, wordt expresselyck geordonneert, dat, wie voortaen sulcks met eenen geloofbaeren ghetuyghen alleen sal gheprobeert worden ghedaen te hebben, voor d'eerste drie reyse daeghen continuelyck aen de kaeke sal ghestelt worden, om aldaer met dreck ende vuyligheyt overworpen te worden, ende daer-en-boven 10 daeghen te waeter ende

siècle dernier, à un kilomètre et demi au nord de la porte
de la Campine (1).

L'éclairage public de nos rues n'a été institué qu'en 1820.
Avant la révolution de 1830, il ne se composait que de

---

te broode gevanckelyck ghestelt worden, en de voor de tweede reyse
uyt de stadt ghebannen, als eenen overtreder der christelycke wetten
ende profanateur van de Heilighe plaetsen ; den aanbrenger sal van
stadts weghen genieten eene ducaet, en de synen naem sal ghesecreteert blyven. Enz......»

Les canalisations de l'éclairage au gaz et de la distribution d'eau et
autres travaux de fouille ont mis au jour, dans nos principales rues
quantité de restes d'animaux des espèces bovine et porcine et autres
déchets de cuisine.

Devant le *Valck* on a trouvé de nombreuses mâchoires et défenses de
sangliers ou de porcs et des fers à cheval.

Lors de l'établissement d'une conduite d'eau dans la rue du *Maegdendries*, il y a quelques années, on a pu constater qu'un ruisseau doit
avoir existé dans cette rue et dans celle du Marché au bois. Près de
la maison enseignée au *Chemin de fer*, on a rencontré des pilotis et
des liernes, restes d'une passerelle ou d'un ponceau en bois pour le
passage de la rue de la Chapelle à la porte de Curange.

(Note communiquée par M. J. Swennen).

(1) L'article XXVIII des *Jaerghedinghen* dit qu'on doit laisser les
vaches et porcs sous la conduite du vacher. Il n'y a que les propriétaires
de bestiaux des hameaux éloignés de la bruyère communale comme
ceux de Runxt, Dormael, Trekschueren, Tomstraat et Piepelbeek
qui étaient dispensés de cette obligation.

D'après l'article XLIV du même code forestier, le vacher ne pouvait
accepter les bêtes appartenant à des personnes étrangères à la commune.

seize réverbères (1). Les lanternes que les habitants, dans
leur piété, allumaient devant les nombreuses madones qui
décoraient nos rues jetaient seules, certains jours, leur faible
clarté dans les ténèbres de la nuit. Les personnes obligées
de sortir, après le coucher du soleil, portaient ou faisaient
porter devant elles une lanterne pour les éclairer.

Malgré ce défaut d'éclairage, ce pavé raboteux et
rudimentaire et la malpropreté des rues, la ville, avec
ses nombreux clochers, les tourelles que faisaient élever,
au dessus de leurs demeures, les principaux habitants, les
façades sombres des édifices claustraux, les pignons triangulaires, la plupart découpés en gradins, des habitations
bourgeoises, les girouettes grinçantes, les enseignes ballo-
tantes, la ville, disons nous, devait présenter, le soir, éclairée
par un beau clair de lune, un aspect bien plus pittoresque que
de nos jours avec son éclairage au gaz, son pavage bien
entretenu et les façades uniformes des maisons. Un élément
de plus était fourni au pittoresque de cet aspect par les
nombreux puits qui s'élévaient dans nos rues. Entourés
d'un petit mur en brique couvert d'une margelle en pierre,
ces puits étaient surmontés d'un petit toit à quatre ou six
pans, porté sur des piliers en bois ou en pierre et dominé
souvent par un ornement en fer battu ou une girouette.
Ils rendaient de grands services dans les incendies
si fréquents à cette époque où la plupart des maisons
étaient en bois et recouvertes de chaume. Nous verrons, plus
loin, les autres dispositions prises par le Magistrat pour

---

(1) Voir bulletins des Mélophiles, t. XXVII, p. 87.

atténuer autant que possible le danger du feu. Nous les avons réservés pour le chapitre concernant nos anciennes maisons.

LES ÉDIFICES ET MONUMENTS PUBLICS

Guicciardin, le premier, a dit et les autres auteurs ont répété, que la ville de Hasselt se distinguait par le nombre de ses monuments (1). Parmi ces édifices le temps en a détruit quelques uns, il a laissé sur les autres son empreinte, soit en les altérant, soit en les faisant changer de destination. Sans entrer dans les détails, nous allons donner une courte notice sur chacun de ces monuments en commençant par les édifices religieux.

L'église paroissiale de St-Quentin est loin d'être un monument de premier ordre. Elle mérite cependant d'être visitée pour l'étude de la transformation du style ogival à ses différentes périodes (2). La partie inférieure de la tour qui renferme le narthex remonte même à l'époque romane. Bâtie en pierres ferrugineuses grossièrement équarries, cette partie de l'église forme probablement les restes d'une église primitive construite vers le commencement ou vers le

---

(1) Voici ce que dit Guicciardin de notre ville : *Hasseletum, vulgo Hasselt, fluvio Demerae assidet, Trayecto ad Mosam quatuor, Leodio vero sex leucarum intervallo adjungitur, Diesthemio similiter quatuor, tribus trudonopoli, oppidum minime contemnendum, aedificiis simul* et *civibus frequens.*

(2) Nous suivons, pour cette description, la *Monographie de l'église de St-Quentin,* par le chev. G. de Corswarem et J. I. H. Jaminé.

milieu du XIe siècle (1). La base de la tour occupe un carré de 9^{m}74 de côté et les murs s'élèvent encore à 7^{m}70 de hauteur sur 1^{m}87 d'épaisseur.

D'après MM. G. de Corswarem et H. Jaminé, cette église en pierres ferrugineuses aurait été remplacée, vers la fin du XIIIe siècle, par une église bâtie en tuffeau. De cette construction, il ne reste que la partie supérieure de la tour, ayant une hauteur de 14^{m}50, avec des murs de 1^{m}30 d'épaisseur (2). La flèche en bois qui la surmonte ne date, d'après Mantelius, que du milieu du XVIe siècle (3). Cette flèche était primitivement flanquée de quatre tourelles qu'on a démolies lors des travaux de restauration nécessités par les dégâts occasionnés par la foudre, le 13 mai 1725 (4). La croix qui surmonte la flèche, d'après l'opinion

---

(1) L'abbé Moors, dans sa *notice historique sur la ville et l'église primaire* à la page 195, fait remonter l'origine de cette construction à la fin du Xe siècle. Mantelius dit que l'église, au temps où il écrivait son *Hasseletum*, existait au moins depuis six siècles, ce qui rapporterait son origine vers le milieu du XIe siècle.

(2) Les arcades simulées en arc-trilobé qui occupent la partie moyenne de la tour semblent être une réminiscence du style roman, tandis que les autres arcatures sont franchement ogivales. Cette particularité indique une époque de transition et semble confirmer la date imposée par MM. de Corswarem et Jaminé à cette partie de la construction. Le style ogival s'est introduit dans notre pays vers le milieu du XIIIe siècle.

(3) *Hasseletum* p. 128.

(4) On voit encore ces tourelles sur le petit drapeau des pèlerins du XVIIe siècle.

des auteurs précités serait la même que celle qui dominait l'église du XIII° siècle.

L'accroissement de la population, par suite de l'arrivée des tisserands et des fabricants de drap émigrés de Louvain vers l'an 1383, nécessita l'agrandissement et la reconstruction de l'église (1). De cette église achevée en 1400, d'après un ancien chroniqueur, il nous reste les trois nefs et le transept.

Les briques ont remplacé, dans cette construction, la pierre blanche et la forme de croix latine a été adoptée pour le plan du sanctuaire. Vers l'an 1448, les chanoines de Fosses, qui avaient vu leur église et leur couvent pillés à deux reprises, en 22 ans de temps, manifestèrent l'intention de s'établir à Hasselt et d'y transporter la châsse de St-Feuillien. On agrandit pour les recevoir le chœur de notre église mais lorsque tout fut prêt, les chanoines, sous la pression des habitants de Fosses, durent renoncer à leur projet de transfert. La ville de Hasselt fut indemnisée d'une partie des dépenses.

Grâce aux libéralités de l'abbesse de Herckenrode et des corps des métiers, cinq chapelles furent adossées à chaque nef latérale. A cet effet, on tailla dans les murs extérieurs des arcades pour mettre ces chapelles en communication

---

(1) Voir : Hasselt sous les Princes-Évêques de Liége, dans le volume XXIII des bulletins des Mélophiles à la page 24 et la notice sur l'industrie drapière à Hasselt par M. H. Van Neuss, T. IX des bulletins.

avec l'église (1). En 1511, un chanoine, Mathias Boers, fit bâtir la chapelle de la Ste-Croix. Celle de la Vierge et celles qui entourent le chœur paraissent dater de la même époque.

Les stalles en bois portent la date de 1549. Elles étaient jusqu'en 1818, au nombre de 24. A cette dernière époque, sous prétexte de dégager le chœur, on en supprima 4 de chaque côté et on démolit en même temps le monument élevé à la mémoire du curé Duyfkens et le magnifique tabernacle en pierre érigé en 1528, par deux artistes : André Kellermans et Antoine Pauwels. Il y a quelques années le nombre de stalles a été encore diminué.

Le lutrin en cuivre qui orne le milieu du chœur porte la date de 1536, la chaire de vérité, celle de 1637. L'orgue a été construit en 1703 et complété en 1711. Son buffet est l'œuvre de deux hasseltois : André Beck, sculpteur, et Antoine Bertrand, menuisier. On ne connait pas la date de la pose du premier carillon sur la tour, on sait que le dernier a été fait par un fondeur lorrain appelé Antoine Bernard, vers l'an 1730.

La longueur totale de l'église est de 40m37 (dans œuvre)

---

(1) Ces dix chapelles furent réduites, en 1838, à six, par la suppression de deux murs séparatifs. Elles étaient clôturées, du côté des nefs latérales, par une balustrade dont les balustres en cuivre au nombre de 116 portaient généralement les noms des donateurs. Sur quelques uns de ceux-ci l'on voit la date de 1650 et les armoiries de différentes familles hasseltoises, les : Van Elsrack, Munters, Van Hilst, Quenen, Coeckx, etc.

(Monographie de l'église St-Quentin).

dont 22ᵐ20 pour la nef et 18ᵐ17 pour le chœur. La nef principale a une largeur de 9ᵐ40 entre les axes des colonnes et sa voûte s'élève à 15ᵐ50 du pavement. Le transept a une longueur de 27ᵐ65 sur 7ᵐ50 de largeur (dans œuvre). Les deux fenêtres qui l'éclairent ont 7ᵐ10 de hauteur. La croix triomphale, qui maintenant est appendue à l'entrée du chœur, a, depuis qu'elle est restaurée, 6ᵐ25 de hauteur avec les fleurons ; les bras ont une longueur de 5ᵐ02 (1).

L'*église Notre-Dame*, bâtie de 1726 à 1731, remplace une ancienne chapelle dédiée à la Vierge. D'après Mantelius, la construction de cette chapelle fut commencée en 1330 aux frais et sur un terrain de Regnier Baintsoen, curé de

---

(1) Cette croix surmontait dans le temps un jubé en pierre qui séparait le chœur de la grande nef. Lorsque ce jubé fut remplacé (1750) par une clôture en marbre de style Louis XV, le crucifix fut attaché au mur du transept sud, au dessus de l'arcade conduisant à la chapelle de la Sᵗᵉ-Croix. Depuis qu'on a démoli cette clôture, la croix restaurée est suspendue à l'entrée du chœur.

Cette restauration a fait découvrir que les bras avaient été raccourcis en sciant à mi-épaisseur leurs extrémités et les médaillons qui les ornaient. Les médaillons de la face principale ont été remis à leur ancienne place et ceux de la face vers le chœur qui avaient disparu ont été renouvelés. Chose singulière, les anciens trous percés dans l'arc triomphal indiquaient par leur rapprochement que la croix était déjà mutilée lorsqu'elle se trouvait primitivement au dessus du jubé. (Ces renseignements nous ont été communiqués par M. J. Swennen qui a été chargé de la surveillance des travaux de restauration faits à l'église primaire).

Hasselt. La chapelle ne fut livrée au culte qu'en 1350 (1). Elle occupait un emplacement plus restreint que l'église actuelle, car un acte, du commencement du siècle dernier nous signale une maison portant pour enseigne *de Walvisch* (la baleine) située au coin de la rue de la Chapelle et de la ruelle Notre-Dame. La chapelle était construite en pierres ferrugineuses et surmontée d'une tour élevée, appelée de *Wagterstoren* (tour du veilleur), servant à loger un veilleur pour prévenir les habitants lorsqu'un incendie éclatait, la nuit, en ville ou dans les environs (2). L'église actuelle a servi quelque temps, à la fin du siècle passé, comme temple de la raison (3). Sur sa tour, on a établi une station géodésique, lors de la triangulation du royaume pour l'exécution de la carte du Dépôt de la guerre.

Le maître-autel et les deux mausolées en marbre qui ornent cette église proviennent de l'abbaye de Herckenrode. Un de ces mausolées, celui de l'abbesse Anne-Catherine de Lamboy (décédée en 1657) représente le Christ au tombeau ; la statue de la religieuse agenouillée aux pieds

---

(1) Mantélius, *Hasseletum*, p. 150. Pour renseignements plus complets sur l'église Notre-Dame, consulter l'ouvrage publié par le Père Vendrick sous le titre : *Onze Lieve Vrouwe van Hasselt* (St-Trond, Van West-Pluymers 1867).

(2) Sur le petit drapeau des pélerins, on voit cette tour avec une flèche en bois fort haute et fort aigüe.

(3) Voir Hasselt sous la République et l'Empire français dans le T. XXVI des bulletins des Mélophiles, page 50.

du christ est une des plus belles œuvres du statuaire liégeois Delcour (1).

Le couvent de Récollets dont les pères desservent l'église Notre-Dame occupe l'emplacement de quelques propriétés particulières et d'une maison appartenant à la fabrique d'église qui servait, dans le temps, de demeure à un vicaire et de lieu de réunion à l'ancienne confrérie de *Virga Jesse*, érigée vers 1314. Les Récollets, avant la révolution française, avaient leur couvent dans la rue qui porte encore le nom de ces religieux. La sacristie de l'église renferme quelques tableaux, datant de la fin du XVIIᵉ siècle, représentant les miracles de la Vierge. Ces tableaux, sans grande valeur artistique, méritent d'être conservés avec soin. Ils donnent des vues de l'intérieur de la vieille chapelle et d'une partie de la Grand'place.

De tous nos anciens couvents, le plus important était le *Couvent des Augustins*. Il occupait, dans la ville, un vaste emplacement confinant à trois rues : la rue de la Chapelle, la rue dite *Maagdendries* et le Marché aux vaches (2). Son origine remonte très-haut dans l'histoire. Déjà, en l'an 1296, nous voyons un comte de Looz exempter cet

---

(1) Des moulages en plâtre de ce monument ont été faits, aux frais du Gouvernement. On en voit des exemplaires au Musée de Kensington à Londres et au Musée de l'art monumental à Bruxelles.

(2) Voir, dans le Tome XVIII des bulletins des Mélophiles, une notice sur ce couvent publiée par M. H. Van Neuss sous le titre : Le local des Mélophiles. Mantelius, dans son *Hasseletum*, aux pages 133 et 149, donne une histoire étendue de ce monastère.

établissement religieux de tout cens (1). Mantelius raconte qu'un des pères lui a attesté avoir vu un traité de paix conclu en ce lieu en 1236. Les Augustins, à cause de leur degré d'instruction, jouirent pendant les siècles passés d'une grande influence (2). Ils étaient souvent consultés par le Magistrat dans les affaires publiques. Aussi leur établissement, modeste à l'origine, comme semble le témoigner son titre de couvent des ermites de S\-Augustin, prit dans la suite une grande extension dont voici un aperçu.

Sur le Marché aux vaches, s'élévait l'ancien collège remplacé maintenant par deux habitations particulières ; plus loin la porte cochère donnant sur le jardin et un grand bâtiment perpendiculaire à la rue et contenant le parloir, la cuisine et le réfectoire. Cette dernière salle construite en 1515 fut décorée en 1525 de vitraux représentant l'abbesse de Herckenrode et le seigneur de Vogelsanck. Elle servait, dans le temps, de lieu de réunion des métiers de la ville pour l'élection des magistrats (3).

Sur la même rue, mais un peu en retrait, on remarque

---

(1) Voir : Histoire du diocèse et de la principauté de Liége aux XIII\e et XIV\e siècles par Jos. Daris, p. 220.

(2) A la fin du siècle passé, ils parvinrent à s'emparer du monopole de l'enseignement. La lutte entre l'ancien collège communal de S\-Quentin et le collège des Augustins a été décrite dans un article de M. H. Van Neuss, publié dans le tome I des bulletins des Mélophiles.

(3) Cette partie des bâtiments a servi de 1859 à 1877 de local à la société des Mélophiles.

encore un bâtiment portant la date de 1682. Il servait, d'habitation au prieur et contenait la bibliothèque. A sa suite s'élevait le cloître ayant sa façade sur la ruelle dite, *persilie straet*, supprimée maintenant. Cette partie des bâtiments a été construite en 1671. Le coin du marché aux vaches et de la rue *Maagdendries* était occupé par la brasserie et les communs. La maison qui se trouve au fond de la petite place devant l'église et qui porte la date de 1665 servait au logement des visiteurs étrangers et celle qui forme le coin était occupée au siècle dernier par le collège.

L'église commencée en 1686 fut achevée en 1715. Celle qu'elle remplaçait n'était remarquable que par son antiquité, quelques vitraux et un tableau d'Erasme Quellyn (1). La maison à fronton qu'on voit encore du fond du jardin servait d'hopital (2).

Dans le cours de leur prospérité, les Augustins eurent aussi quelques jours néfastes. Dans la nuit du 19 au 20 janvier 1567, les partisans de la réforme pillèrent l'église

---

(1) L'église, coupée par le milieu sur la hauteur en 1876, a renfermé, pendant une dizaine d'années, à l'étage, le théâtre de la société royale des *Ware Vrienden* et, au rez-de-chaussée, le local de la société des Mélophiles et un café.

(2) Il existe une gravure de 1738 représentant l'ensemble des bâtiments existants à cette époque et des nouvelles constructions projetées. La planche en cuivre de cette gravure est conservée aux archives. Nous regrettons que les frais d'impression ne nous permettent pas d'offrir à nos lecteurs un exemplaire de cette gravure qui est devenue excessivement rare.

en n'y laissant qu'un ciboire et quelques vêtements sacer-
dotaux. Ils saccagèrent en outre tout le mobilier du couvent.
Une dixaine d'années plus tard, la peste enleva tous les
religieux et la populace renouvela la même œuvre de
destruction (1). Dans ce pillage la plupart des archives de
l'établissement disparurent. En 1580 le couvent fut repeuplé
par des religieux venus de Malines.

Le 21 juin 1797, l'ensemble des bâtiments fut vendu,
comme bien national, pour la somme de 137,000 frs. En
1836, on vendit le mobilier de l'église. La fabrique de
l'église de St-Quentin acheta les confessionnaux ; le reste
des meubles fut éparpillé par la vente (2).

La plus ancienne communauté religieuse de femmes
établie en notre ville était le *béguinage*. Il existe un document de 1245 par lequel l'évêque de Liége autorise les
béguines de Hasselt à avoir un chapelain (3). Demeurant
d'abord isolément dans la ville, ces religieuses furent
réunies dans une série de maisonnettes, formant enceinte
et cour, situées à l'endroit où s'élève actuellement la

---

(1) Ces évènements se trouvent relatés au long dans les articles
suivants des bulletins des Mélophiles : Notice historique sur l'introduction de la réforme à Hasselt, t. II, p. 9 ; Hasselt sous les Princes-
Evêques de Liége. 2ᵐᵉ partie, t. XXIV, p. 17 et dans l'article qu'à
publié Mantelius, dans son *Hasseletum*, sur le couvent des Augustins.

(2) Voir tome XXVIII des bulletins des Mélophiles, pp. 39 et 40.

L'église des Augustins avait été rendue au culte de 1826 à 1832. Tous
les dimanches ou y disait la messe et le salut.

(3) Histoire du diocèse et de la principauté de Liége pendant le XIIIᵉ
et XIVᵉ siècle par Jos. Daris, p. 206.

distillerie de M. Villers. Cet établissement fut détruit en mars 1567, lors du siège de la ville par Gérard de Groesbeek. Comme en 1544 les béguines avaient reçu un terrain longeant le Démer en ville ; elles y élevèrent, après la destruction de leur couvent, quelques maisons en torchis. Cette partie du nouvel établissement située sur la rive droite du Demer porte encore le nom de *vieux béguinage* et est occupé actuellement par les frères de la doctrine chrétienne. En 1707, les béguines commencèrent à étendre leurs bâtiments sur la rive gauche de la rivière. En 1711, elles construisirent les maisonnettes depuis le Demer jusqu'à la rue de la Batterie et, de 1723 à 1762, celles longeant cette rue. La grande porte d'entrée et les maisons avoisinantes furent achevées en 1780 (1).

Entre temps les beguines avaient élevé leur église qui fut bénite, le 12 juillet 1759, par l'évêque d'Hippone délégué par celui de Liége. En 1779, on installa au maître-autel le tableau de P.-F. Verhaegen (2), représentant les disciples d'Emmaüs.

Du temps de la révolution liégeoise, l'église fut convertie en magasin de foin et, au mois d'octobre 1798, le Gouvernement de la République française vendit, en différents

---

(1) Ces renseignements sont extraits d'une brochure intitulée : *Het oud Begynhof van Hasselt door pater Julianus Lambrechts* (Hasselt, Ceysens, 1886).

(2) Ce tableau a été payé 800 fl. de Brabant au peintre Verhaegen. Il est devenu, avec le mobilier de l'église, la propriété des hospices civils.

lots, le vieux et le nouveau béguinage pour une somme globale de 90,200 francs.

En 1802, l'église fut de nouveau rendue au culte et la communauté essaya de se reformer. On connait le long procès soutenu par le bureau des hospices pour la revendication du couvent. Nos établissements charitables furent mis en possession des bâtiments et du mobilier de l'église.

L'église du béguinage était desservie dans le temps par un curé. Le plus ancien titulaire dont le nom nous a été conservé est Walthère Hentjens, mort en 1430. Un décret de 1803, tout en permettant de continuer à dire la messe dans l'église du béguinage, établit qu'il n'y aurait plus qu'une seule paroisse à Hasselt. La dernière messe dite dans cette église fut célébrée le 1ᵉ novembre 1881 (1).

Par un acte de donation de 1426, une dame de Hasselt, Ida Putlinx, fit la cession d'un jardin situé en ville, à l'entrée du Démer, pour l'érection d'un *couvent des-sœurs du Tiers ordre de Sᵗ-François*. Cette donation fut approuvée, en 1428, par les magistrats et confirmée, en 1430, par l'évêque Jean de Heinsberg (2). Ce couvent, qui prit plus tard une assez grande extension, est connu, dans les vieux actes, sous les noms de : *St-Catharina-dal* (val St-Catherine) *Susteren klooster* ou *Witte nonnen klooster* (3). De tous les bâtiments il ne reste plus que celui qui longe le Démer.

____

(1) Le calvaire derrière l'église n'a été élevé qu'en 1839.

(2) Voir Mantelius, *Hasseletum*, p. 157.

(3) Le couvent des dames blanches s'établit au val de Sᵗᵉ-Catherine entre les années 1665 et 1724 et y succéda aux religieuses du tiers ordre de St-François.

Il porte la date de 1742 et a servi, depuis la révolution de 1830 successivement, d'hôpital militaire et d'école des sous-officiers. Il est maintenant inoccupé. L'autre partie du couvent a été remplacée en 1837 par une caserne qui porte le nom de caserne des Dames blanches (1).

Le couvent du Val St-Catherine a servi de maison mère à d'autres établissements du même ordre établis plus tard à Liége, à Cologne, à Lierre, à Berg-op-zoom, à Brée et à Bilsen. Une rue de Hasselt porte encore le nom de ces religieuses.

La quatrième corporation religieuse qui s'établit dans notre ville fut celle des *Alexiens* ou *frères Cellites*. Leur couvent se trouvait à l'emplacement occupé actuellement par le palais de justice, l'école moyenne des filles, l'académie de dessin et l'école industrielle. L'église maintenant démolie était un bâtiment rectangulaire ayant sa façade du côté de la rue des frères Cellites. L'intérieur assez sombre était percé de quelques fenêtres peu élevées et la nef recouverte d'un voûte ogivale en bois. Une petite maison, portant l'enseigne de St-Alexis (2), qui se trouvait en face, à l'autre coin de la rue et faisait partie du couvent, a été démolie, il y a quelques années, pour faciliter l'accès de l'académie de dessin. Le couvent confinait d'un côté à la ruelle des frères Cellites et de l'autre à l'ancien hôtel-de-ville et à la rue des juifs (*Joedenstraet*) actuellement supprimée. Du couvent et de l'église il ne reste plus guère de traces.

---

(1) Dans la cour de la caserne existent encore les fondations de l'ancienne église. (Note fournie par M. J. Swennen).

(2) On conserve à l'hôtel-de-ville la statuette qui servait d'enseigne.

Ce fut en 1439, lors d'une épidémie, que le magistrat de Hasselt fit venir de Diest trois frères Alexiens pour soigner les pestiférés (1). On leur assigna une maison en ville. Ce fut l'origine du couvent. Les Alexiens allaient soigner les malades à domicile et tenaient chez eux des pensionnaires atteints de démence ou de maladies incurables. Leur communauté fut une des dernières supprimées en 1797. Leur couvent ne fut pas vendu mais affecté à des services publics, de même que celui des Dames blanches cité plus haut. Une partie des bâtiments a servi assez longtemps de prison et l'église transformée d'abord en magasin de fourrage a été en 1839, pendant un an ou deux, occupé par le tribunal (2).

Après l'établissement des Alexiens, Hasselt resta, pendant environ deux siècles, sans nouvelle érection d'un couvent. Mais, dans la première moitié du XVIIe siècle, sous le règne de Ferdinand de Bavière, les hasseltois virent s'établir en ville quatre nouvelles communautés religieuses.

Parmi les nouveaux religieux, les premiers furent les *Capucins* qui vinrent en 1619 prendre possession d'un terrain qui leur avait été cédé par Agnès de Wolfart, veuve

---

(1) C'est dans l'église des frères Cellites qu'a été plaidé le procès *des partisans*, cause qui en 1839 émotionna beaucoup la population. La première pierre de cette église fut posée en 1508, par Mathias Boers, chanoine au chapitre de St-Servais, sa bénédiction eut lieu l'année suivante (compte communal de 1509-1510).

(2) La construction du palais de justice élevé sur l'emplacement de l'église des frères Cellites fut achevée en 1843.

de Godefroid de Mombeek (1). Le magistrat de Hasselt ne montra pas un grand empressement à autoriser l'établissement de ce nouveau couvent et adressa à ce sujet plusieurs lettres de protestation à l'Evêque (2), mais inutilement, il dût s'incliner devant les ordres formels du Prince. Il faut croire que plus tard, le magistrat reconnut les services rendus par ces religieux car, en 1649, il les exempta du droit d'accises sur la bière.

L'établissement fondé par les Capucins fut toujours très modeste ; leur église qui ne brillait ni par son architecture, ni par ses ornements fait partie des bâtiments actuels de l'Athénée. Lors de la construction, en 1865, de celui-ci on a démoli l'ancienne sacristie. La salle de gymnastique occupe l'emplacement de l'ancienne maladrerie. Le couvent des capucins fut vendu le 13 janvier 1798 comme bien national pour 95,000 francs.

Par testament du 26 septembre 1625, Herman van der Ryst, curé du béguinage, laissa la moitié de sa fortune pour l'établissement à Hasselt d'un *couvent des Sœurs grises*. Le 28 mai 1626, quelques sœurs envoyées par la maison mère de Diest vinrent occuper un bâtiment ayant servi de lazaret, à l'endroit dit *Val Ste-Barbe*, où s'élève maintenant l'hôpital. Les dons des particuliers joints à un léger subside accordé par les magistrats leur permirent de se loger plus confortablement et d'élever leur couvent. La

---

(1) *Hasseletum*, p. 159.

(2) Le deuxième registre des ordonnances du Magistrat contient, aux pages 36 à 39, la copie de la correspondance échangée à ce sujet.

première pierre de ce bâtiment fut posée le 18 octobre 1663 et son édification fut achevée en 1666 (1). Quelque temps après, les Sœurs commencèrent la construction de leur église où la première messe fut dite le 7 octobre 1668. La communauté fut dispersée, le 3 décembre 1796, par ordre du Gouvernement de la République et les bâtiments du couvent devinrent la propriété des hospices. Pendant l'Empire, des prisonniers espagnols furent internés dans ces locaux (2). Plus tard les Sœurs grises vinrent reprendre leurs fonctions d'hospitalières (3).

Les *Récollets* de St-Trond avaient coutume de venir prêcher à Hasselt. Ils y possédaient, depuis longtemps, une maison pour le logement de leurs prédicateurs et frères quêteurs. L'évêque Ferdinand de Bavière les autorisa, dès 1634, à y établir une communauté de leur ordre (4) ; mais les magistrats de Hasselt ne se montrèrent guère favorables à l'installation de ce nouveau couvent (5). Cependant ils furent

---

(1) Nous empruntons ces détails à un livre publié par le père récollet, Julien Lambrechts, et intitulé : *Het oud Sint-Barbara-dal of beschryving van het oud klooster der grouwzusters, Hospitalieren te Hasselt.* (Ceysens, 1881).

(2) Voir : Hasselt sous la république et l'empire français dans le Tome XXVI, p. 86 des bulletins des Mélophiles.

(3) Les nouveaux bâtiments de l'hôpital furent élevés en 1868.

(4) Histoire du pays et de la principauté de Liège au XVIe siècle par Joseph Daris, p. 346. — Mantelius, *Hasseletum*, p. 163.

(5) Le tome II des récez du magistrat contient une ordonnance libellée comme suit : *14 Juli 1642. Het verzoek des paters Minnebroeders, van eene plaatse achter de molen te mogen hebben, door de magistraet en die twelfmannen afgeslagen.*

forcés par l'Evêque d'accorder l'autorisation demandée. En 1644, les Récollets commencèrent la construction de leur couvent. L'église fut consacrée en 1655.

Tous les bâtiments furent vendus le 2 août 1797 pour la somme de 373,500 frs. En 1831, l'église servit quelque temps, à loger les chevaux d'une batterie d'artillerie, maintenant on l'a convertie en grange. D'autres bâtiments du couvent ont servi naguère de local pour la Société royale d'harmonie et de caserne pour la gendarmerie.

L'arrivée *des Religieuses du St-Sépulcre* vulgairement appelées *Bonifanten* (Bons enfants) coincide avec l'établissement des Récollets à Hasselt. Ce fut Hélène d'Enckevoort qui, avec le concours de son cousin Vandenhove, du maïeur Sutendael et des bourgmestres Gelders et Geloes, fonda, en 1638, cette communauté consacrée à l'instruction des filles. Ce nouveau couvent fut d'abord installé dans la rue dite *Raemstraet* (1). En 1649, les sépulchrines s'établirent dans une maison de la rue du *Peerdsdemer* acheté au baron de Rhedi, seigneur de Printhagen, Plus tard elles s'installèrent dans la rue du Démer où se dresse encore la façade de leur église. Le jubé réservé à l'usage des religieuses existe encore. Il occupe la longueur,

---

(1) Histoire de la principauté et du diocèse de Liége au XVIe siècle par Jos. Daris, p. 335.

Le couvent actuel du St-Sépulcre de Bilsen possède, d'après un article inséré dans le tome VIII (nouvelle série), des bulletins de la Société historique et archéologique du duché de Limbourg, le *livre des privilégis de l'ordre du sainct Sépulchre de Hasselt recueilly* (en 1652) *par la* R^{de} *Mère St-Hélène à Enckevoort et la Souprieure St-Marie de Liverloo.*

entière de la nef et se compose d'une aire soutenue par des colonnes en pierre. La partie à rez-de-chaussée de l'église était réservée à l'usage du public.

Les Sépulchrines furent la dernière communauté de religieuses supprimée par ordre de la République française. Leur couvent fut vendu, le 22 avril 1797, pour la somme de 300,000 francs. Sous l'Empire, l'église a servi de magasin pour la régie du tabac.

Depuis l'époque où les quatre congrégations monacales, énumérées plus haut, se sont établies à Hasselt, il s'est écoulé un intervalle de deux siècles pendant lequel aucune nouvelle corporation religieuse n'est venue se fixer dans nos murs. C'est dans la première moitié du XIXᵉ siècle que nous voyons arriver successivement les *Frères de la doctrine chrétienne*, les *Sœurs de l'enfance de Jésus* les *Dames de la doctrine chrétienne et les Ursulines*. Mais l'histoire de ces couvents, de même que la fondation du *collège de St-Joseph,* sort de notre cadre. Elle fait partie de l'histoire contemporaine (1).

Au commencement du XVIᵉ siècle, vers 1505, les religieuses de Herckenrode firent commencer sur l'emplacement de l'ancienne maison du St-Esprit, local du bureau de

---

(1) Pour la même raison, nous ne nous occupons pas dans cet article de l'hôtel du Gouvernement provincial, de la Maison d'arrêt, du Presbytère, des bâtiments de la gare, de la nouvelle Caserne de gendarmerie ni des différents locaux de nos sociétés d'agrément. Le lecteur trouvera des renseignements sur la plupart de ces édifices dans un article intitulé : Hasselt sous Leopold Iᵉʳ, publié dans le tome XXVIII des bulletins des Mélophiles.

bienfaisance de l'époque, la construction de la *maison de refuge de Herckenrode* pour servir de résidence aux religieuses en temps de guerre ou de troubles (1). Ce monument qui fut achevé vers 1510, est un type intéressant, en style ogival, des constructions claustrales de cette époque et mériterait d'être restauré. Il fut vendu comme bien national en 1797. Depuis 1832, il a été transformé en *caserne*.

La *petite chapelle du Peerdsdemer* parait avoir existé depuis le moyen-âge, au point d'entrecroisement de trois rues. De 1801 à 1802, on y a dit la messe (2). Comme sa situation en saillie sur ce carrefour gênait la circulation, on l'a démolie, il y a une vingtaine d'années, pour la rebâtir un peu plus en arrière ! Cette chapelle porte dans les documents du XVIᵉ siècle le nom de *St-Jacobs-capelle*. Une autre chapelle, celle de *St-Corneille*, située hors la porte de Maestricht, au lieu dit *het Kerkveld*, a disparu sans laisser de traces (3).

Nous passons maintenant aux édifices civils.

L'hôtel-de-ville actuel a été acheté en mars 1779, aux héritiers de Messire Adrien de Heusch, seigneur de Lant-

---

(1) La façade de ce monument est représenté dans la *Belgique illustrée.*

(2) Voir : *het oud begynhof van Hasselt door pater Julianus Lambrechts.*

(3) La chapelle de St-Corneille fut pillée lors des troubles de la réforme. Voir sur cette chapelle l'article que lui consacre Mantelius dans son *Hasseletum*, p. 159. Elle avait, d'après cet auteur, 64 pieds de long et 24 de large.

wyck, conseiller privé du Prince-Evêque (1) et approprié
la même année à sa nouvelle destination. Il y a une
quinzaine d'années on a changé la disposition de la façade
et de la petite place, qui se trouve devant, par l'établissement
d'un nouveau perron, la démolition de deux maisons et
l'enlèvement de deux balustrades en fer qui rétrécissaient
les abords du monument. La *place verte* avec une partie
des maisons qui l'entourent, a été érigée sur les jardins
de l'ancienne demeure du sire de Heusch.

Antérieurement à cet achat, l'administration communale
tenait ses séances dans un bâtiment situé au marché aux
avoines sur l'emplacement de l'hôtel du Limbourg actuel.
Cet *ancien hôtel-de-ville* était une construction en bois et
en briques, achetée, en 1580, aux héritiers des époux
Screvens. Pour lui donner un certain caractère monumental,
le magistrat de Hasselt chargea Corneille Plantynmaekers,
le restaurateur de la tour de l'église Notre-Dame à Tongres,
d'orner la façade d'un double perron (2).

____

(1) Adrien de Heusch était mort le 6 août 1714. Il avait épousé, en
secondes noces, Barbe Gertrude Van Hilst, veuve de Jean Mathieu de
Gelées.

(2) Nous avons donné, au commencement de ce travail, la description
faite par Mantelius de cet ancien hôtel-de-ville. Ce bâtiment avant
1803, époque à laquelle il fut vendu à la famille Vanderstraeten de
Hasselt, était occupé par un nommé Vandersmissen et servait d'hôtel.
C'était une construction à plusieurs étages, très-élevée, mais n'ayant
qu'une façade étroite. On y montait par plusieurs escaliers. Le devant
servait à loger le concierge etc. Derrière se trouvait la salle où le
magistrat communal et le conseil se réunissaient autrefois et dont on
avait fait la salle à diner de l'hôtel Vandersmissen.

Avant l'acquisition de ce bâtiment, les séances des magistrats communaux se tenaient dans une salle de la *vieille halle aux draps*.

Cette halle, élevée au XVe siècle, par les soins du métier des drapiers avec l'intervention des deniers communaux, sur le modèle de la halle aux draps de Louvain, occupait l'emplacement où se trouve actuellement le local de la Société littéraire (1). Ce bâtiment doit avoir beaucoup souffert lors du bombardement de la ville par Gérard de Groesbeek en 1567, car quelques années après nous voyons la ville ériger un nouvel hôtel-de-ville par l'achat de la maison Screvens. En 1671, la ville y fit faire d'urgentes réparations (2). Le séjour d'une garnison hollandaise, de 1675 à 1681, dans la ville nécessita la transformation du bâtiment en temple protestant. En 1788, le vieux bâtiment,

---

Le grenier servait de prison temporaire aux condamnés à mort.

Ce bâtiment avait un toit en ardoises. (Note manuscrite de feu M. l'avocat Bellefroid de Hasselt).

La nouvelle construction a empiété sur la voie publique en incorporant des parties de l'ancienne rue dite *Joedenstraet* et du marché aux avoines. L'ancien bâtiment se trouvait plus en retrait.

(1) On trouvera des renseignements plus complets sur notre ancienne industrie drapière et sur le bâtiment de la halle dans un article publié par M. H. Van Neuss dans le tome IX des bulletins des Mélophiles et dans l'Histoire du local occupé par la Société littéraire de M. le Dr Bamps.

(2) L'opuscule intitulé : *Beschryving der steden van het land van Luyck*, dit à la page 149 : *In 1671, wierd die halle op den Grooten merkt volbouwt*.

qui menaçait la sécurité publique par son délabrement, fut
démoli et remplacé par une construction moderne destinée
à servir de local à la *Société littéraire*. Le 15 mars 1796,
la municipalité prit possession de ce local pour y établir
la *Salle de la liberté*, succursale de l'hôtel-de-ville pour la
célébration des fêtes républicaines. Le jour et le lendemain
de la défaite de l'armée des paysans, aux portes de la
ville (6 décembre 1798), on y interna les prisonniers et les
blessés recueillis sur le champ de bataille (1). Le bâtiment
ne fut rendu aux membres de la Société littéraire qu'au
mois de juin 1800. Des changements furent faits en 1847
et 1861 à l'aménagement intérieur et à la façade.

Le bâtiment de *l'ancienne halle aux viandes*, acheté par
la fabrique de l'église pour déposer les ornements et les
décors des fêtes a été élevé, en 1836 (2), sur l'emplacement
d'une maison portant pour enseigne : *au géant* et d'un
bâtiment désigné sous le nom de *St-Cécile* qui parait avoir
servi, avant la révolution française, de siège à la Société
de musique (3). Il est probable que cet emplacement a été
occupé dans le temps par l'ancien collège communal de

---

(1) Voir des détails sur la guerre des paysans dans l'article sur Hasselt
sous la république et l'empire français t. XXVI, p. 52 et seq. des bulletins des Mélophiles.

(2) L'adjudication eut lieu le 15 octobre 1894 et la réception des
travaux de construction le 25 janvier 1836.

(3) Le collège de St-Cécile, comme l'appelle Mantelius (*Hasseletum*,
p. 166), doit son origine à Herman Van der Ryst, musicien distingué
qui, pendant douze ans, dirigea la musique à la cour de Bavière, où il
remplaçait souvent Roland Lassus, le célèbre musicien montois.

St-Quentin (1). Vers le milieu du XVII⁰ siècle, les classes furent transférées dans la demeure du recteur, le bâtiment du collège menaçant ruine. M. le chanoine Daris nous apprend que,dès l'année 1325, il y avait déjà des fondations en faveur du recteur et de ses élèves (2). Vers l'année 1610, les Augustins ouvrirent à Hasselt un établissement rival qui finit, en 1767, par se substituer à notre ancien collège.

En 1721, Adrien Capal et son épouse née Lambrechts fondèrent, dans une maison hors de la porte de St-Trond, *une école dentellière* pour les orphelines et les filles abandonnées. On y admettait même des enfants étrangers à la ville. Cette école comptait, en 1726, près de 60 élèves et, d'après le chanoine Daris, aurait été pourvue, en 1745, d'une chapelle (3). Nous n'avons trouvé, dans les actes scabinaux nulle trace de cette chapelle, mais nous avons découvert dans les registres susdits, la mention d'une école dentellière établie, en 1754,dans la rue Vieille, sous le nom de *kanteschool* et *marolleschool*. Cette école joignait une maison ayant pour enseigne de *gulden wereld* en face de la ruelle du Cygne.

(1) Voir : Aperçu historique sur l'ancien collège de St-Quentin dans le tome I des bulletins des Mélophiles.

(2) Histoire du diocèse et de la principauté de Liége pendant le XIII⁰ et XIV⁰ siècle par Jos. Daris, p. 507.

Le plus ancien document concernant le collège que nous trouvons dans nos archives communales date de 1295. Il s'agit d'un legs fait par un bourgeois de Hasselt au recteur des écoles. Voir bulletins des Mélophiles 1873.

(3) Notice historique sur Hasselt par l'abbé Daris, p. 63.

Moins d'un siècle après l'octroi des franchises communales à la ville de Hasselt par le comte Arnould de Looz, un des successeurs de ce prince constitua officiellement une corporation de monnayeurs dans notre ville, par une charte portant la date de 1315 (1). Par une autre charte de 1350, le comte de Looz, Thierry de Heinsbergh, accorda aux officiers de la monnaie l'exemption des contributions et du service de la milice, avec le droit de paraître à la cour l'épée au côté. Ces privilèges furent confirmés par les Princes-Evêques de Liége, successeurs des comtes de Looz, et pendant longtemps l'atelier monétaire de Hasselt frappa une grande partie du numéraire émis par la Principauté. Ces pièces portaient en général le nom de *monnaies de Hasselt* (2).

Où cet atelier monétaire était il établi ? Il parait qu'il n'a pas eu d'établissement fixe et qu'il a fonctionné dans bien des endroits de la ville. Voici ce qu'écrit à ce sujet l'un de nous qui a fait une étude spéciale de l'histoire monétaire de notre ville (3).

---

(1) Mantelius, *Hasseletum*, p. 20. A la page suivante, l'auteur donne les noms des préposés à la monnaie au milieu du XVII° siècle. Voir ces noms dans le tome XXI des bulletins des Mélophiles à la page 72.

(2) M. le Dr Bamps possède une collection importante de ces monnaies.

(3) Recherches historiques sur l'atelier monétaire de Hasselt par le Dr Bamps. Bruxelles, Gobbaert, 1888. On peut aussi consulter sur les monnayeurs de Hasselt, les ouvrages suivants : Recherches sur l'atelier monétaire de Hasselt, par Perreau, et coup d'œil sur l'histoire monétaire de Liége, par le Baron de Chestret de Haneffe.

« Nous croyons pouvoir assurer que l'ancienne maison de la famille Sigers, sise rue du Demer en cette ville et dénommée *de Munt*, a été le siège de l'hôtel des monnaies des comtes de Looz. Cet atelier était fort important, pensons-nous, à cette époque reculée, où Hasselt était la capitale effective du comté de Looz.

« Sous les Princes-Evêques, les monnayeurs ou les entrepreneurs de la monnaie louaient des maisons particulières qu'ils convertissaient en ateliers de fabrication, lesquels n'avaient souvent qu'une existence très éphémère.

« Nous devons, à l'obligeance de M. le chevalier Adrien de Corswarem, la connaissance de l'emplacement approximatif de deux de ces ateliers. En 1461, il se trouvait rue du Lombard à Hasselt, et, en 1520, à l'un des coins de la rue du Châssis (*Raemstraet*).

« M. le baron de Chestret nous apprend qu'un atelier monétaire très temporaire a existé, en 1614, dans une maison appartenant à Mme de Mombeek (1).

« Une tradition rapporte qu'une habitation appelée *de Pasteye*, rue de Maestricht, à Hasselt, et où existent de vastes caves cintrées, a également, été le siège d'un atelier monétaire.

---

(1) Cette maison dont parle Mantelius est la partie de l'habitation de M. le Juge Stellingwerff qui a sa vue sur le jardin du côté du Boulevard. Cette dame de Mombeck était Agnès de Wolffart, veuve de Godefroid de Mombeek, mort comme gouverneur du château de Bouillon, en 1613. C'est cette même dame qui a cédé une partie de son jardin pour l'établissement d'un couvent de Capucins.

« Enfin un assez grand bâtiment portant le nom *de Wijnvat*, sis dans la même rue, et qui, dans les siècles précédents, appartenait à une des plus anciennes familles patriciennes et consulaires de Hasselt, la famille Stellingwerff, doit avoir servi d'hôtel de Monnaies. Nous en donnerons comme preuve les vitraux aux armoiries de différents monnayeurs dont Mantelius nous a conservé les noms, qui ornaient, il y a quelques années encore, les anciennes fenêtres à croisillons du XVII° siècle de cette habitation. Ces vitraux portaient des dates variant de 1643 à 1651 (1). »

Il nous reste encore à parler de certaines constructions qui ne se rattachent qu'indirectement au chapitre des monuments. Ce sont les canaux et les égoûts.

Le *nouveau Demer*, qui passe par Hasselt, est un canal creusé par les comtes de Looz, à l'origine de la ville, pour y établir un moulin, au grand avantage des habitants, comme dit Mantelius (2). L'établissement de ce canal est un travail remarquable pour une époque où les procédés de nivellement étaient encore à l'état primitif. Le cours de la rivière a été détourné un peu en amont de Diepenbeek et amené en ville par une dérivation creusée à mi-côte du versant méridional de la vallée. Cette dérivation va rejoindre l'ancien cours de la rivière un peu en amont de la limite des communes de Hasselt et de Curange. Plus

______

(1) Il existe encore, en ville, deux de ces vitraux ; l'un appartient à M. le Dr Bamps, l'autre à M. Verbelen.

(2) Mantelius, *Hasseletum*, p. 12.

tard, pour augmenter le débit du nouveau cours d'eau, on y a amené les eaux du *Stiemer*, en faisant passer ce ruisseau audessus du vieux Demer par un aqueduc en bois appelé *de Meukens* (1). C'est ce ruisseau qui est utilisé en ce moment pour l'alimentation de la distribution des eaux de la ville.

Le *moulin* banal établi en ville appartenait aux comtes de Looz, par droit de suzeraineté ; sa propriété passa aux Princes-Evêques de Liége qui le vendirent dans le courant du XVIIIe siècle. La ville vient d'en faire l'acquisition.

Le *pont* par lequel la rue de la Campine traverse la rivière doit dater du XVe siècle à en juger d'après sa construction en pierres de Maestricht. A son entrée et à sa sortie de la ville, du temps qu'existaient encore les anciens remparts, le Demer passait sous deux voûtes défendues par des tours appelées *die laus* et *het cattegat*. Comme le fait remarquer Mantelius, le nouveau Demer baignait, en ville, du temps de l'auteur, quatre couvents de femmes : celui des Dames blanches, le Béguinage, le couvent des Sépulchrines et celui des Sœurs grises.

------

(1) Le Stiemer est formé par deux ruisseaux qui prennent leurs sources à Genck. Pour pouvoir le faire passer au-dessus du vieux Demer, il a fallu détourner et endiguer une partie de son parcours. Nous croyons, par l'examen des lieux et des cartes, qu'avant cette dérivation, le Stiemer déversait ses eaux dans le Vieux-Demer à l'endroit appelé *de Kimpel*, près du pont établi sur la rivière pour le passage du chemin en gravier de Godscheydt. Le bassin d'alimentation de la distribution des eaux de la ville est situé à quelques mètres en amont de l'aqueduc des *Meukens*.

Avant la construction du Nouveau-Demer, Hasselt n'était traversé que par un petit ruisseau, le *Hellebeek*, dont la rivière artificielle a emprunté une partie du cours. Le *Hellebeek* voûté sur tout son passage en ville sert encore et a servi longtemps d'égout collecteur. Il entre en ville près du collège St-Joseph, passe en dessous de la rue du *Beek*, longe le chevet de l'église, traverse en diagonale l'emplacement du Marché au Beurre et, après avoir passé en dessous de quelques maisons du *Sauvelmerk*, débouche dans le Nouveau-Demer en face de la petite chapelle. La voûte qui surmonte ce cours d'eau a été construite à différentes époques. La partie voûtée la première paraît être celle qui commence au milieu de la rue du *Beek*, pour aboutir au Marché au Beurre en passant derrière l'église. La section située en aval, ne paraît dater, d'après les anciens documents, que de la fin du XVIe siècle. Avant cette époque le ruisseau traversait le Marché au Beurre et le *Sauvelmerk*, à ciel ouvert (1). L'entrée du ruisseau en ville n'a été voûtée qu'en 1860. Antérieurement à cette date, il existait, dans la rue du *Beek*, une écluse qu'un homme préposé à cet

---

(1) Une ordonnance du 16 août 1545 dit : Die beeke van der Neckerput totter Deymeren toe binnen die stat en d'andere Winterbeeken hier binnen gelegen sall men veyghen binnen drye weycken op die pene verschreyen.

Registre I des recez du Magistrat, p. 122.

Une autre publiée le 25 novembre 1576 dit : By Schoutet, Burgemeesteren, geswore en de raedt is geordineert dat soe wye met den saltcraem op den merckt vorts doen willet dat hy sal vorts doen en de craem halden op de beyken in den Zuyvelmerckt.

6

effet levait de temps en temps pour chasser les impuretés
accumulées dans l'égout ; depuis, cette écluse a disparu.
Le plan général des nouveaux égouts adopté cette année
(1893) conserve le *Hellebeek* comme collecteur principal
en modifiant légèrement son parcours en ville (1).

LES MAISONS ET LEURS ENSEIGNES.

Beaucoup de personnes doivent encore se rappeler le
vieux cabaret, maintenant démoli, de l'*Ossekop*, sa petite
porte basse, ses fenêtres du rez-de-chaussée avec leurs
volets s'ouvrant en auvent, son vieil escalier montant à
un entresol (*kalderkamer*) d'où l'on pouvait surveiller par
une lucarne les personnes installées dans la chambre du
rez-de-chaussée. Tout cet intérieur, rappelant si bien les
tableaux des Teniers et des Van Ostade et autres peintres

---

(1) D'autres ruisseaux coulant à ciel ouvert au milieu de nos
rues ou en travers servaient de déversoirs aux eaux pluviales et ménagères. Ils sont désignés dans les anciens documents sous le nom de
Winterbeeke. Voici quelques indications que nous avons trouvées, sur
ce sujet, dans nos comptes communaux :

Compte de 1486-87 : *De beek te vegen in de Nieuwstraet onder die brugge.*

Compte de 1494-95 : *Die beke geveecht in de Berestraet.*

Compte de 1507-1508 : *De Winterbeek achter de Hoighbrugge.*

*Die de Winterbeek veegde in die Nieuwe straet ;
2 gesellen.*

Die de Winterbeek veegde in die Joedenstraet.

hollandais, se présente encore en ce moment à notre mémoire. Lors de l'élargissement de la rue du Demer, le vieil *Ossekop* a eu honte de s'abriter derrière sa façade en planches, il a voulu s'habiller à la mode du jour et la joyeuse compagnie, qui, tous les soirs, y venait prendre maintes pintes de bière, y faire ses frasques, y turlupiner l'intrus qui se hasardait dans ce cénacle, s'est dispersée, sentant que ce cadre nouveau ne s'harmonisait plus avec des habitudes d'un autre âge. Ainsi a disparu ce curieux spécimen de l'architecture civile du XVe siècle. Ainsi ont disparu depuis peu, les anciennes maisons du *Keyzer*, dans la rue de Maestricht et du *Goudbloem* au coin de la Grand'place.

En fait de vieilles maisons à aspect plus ou moins pittoresque, il ne nous reste plus, comme nous l'avons dit au commencement de cet article, que la maison du *Sweert*, celle du *Klaverblad*, le *Wynvat*, le *Gravenhuis* et une cinquantaine d'habitations du XVIe, XVIIe et XVIIIe siècles, à façades plus modestes, éparpillées par toute la ville et dont on peut voir encore deux spécimens aux coins opposés du carrefour formé par la rue de la Chapelle et le *Maagdendries*. Et encore, toutes ces maisons ont été modernisées en partie sous la truelle du maçon, sous le marteau du menuisier, sous le pinceau du badigeonneur, et ont perdu beaucoup de leur aspect d'antan.

La plupart des maisons aux XVIe et XVIIe siècles étaient bâties en bois, et en torchis, sur un soubassement en briques ou en pierres. Leurs toits couverts en chaume, rarement de tuiles ou d'ardoises, débordaient sur la voie publique et étaient séparés, de l'étage habité, par un grenier muni de baies à claire-voie. Les façades des maisons un peu plus cossues profilaient sur le ciel leurs pignons triangulaires, quelquefois découpés en gradins, ou présentaient à la vue leurs fenêtres à croisillons et leur haute toiture aux nombreuses lucarnes. Les demeures des familles patriciennes se distinguaient des autres par une tourelle quadrangulaire surmontée d'un toit en ardoises, dominé par une haute et élégante girouette (1).

Même au centre de la ville, entre les rangées des maisons s'élevaient par-ci par-là des granges (2) et la plupart des habitants avaient, en leurs greniers, des provisions de grains, de paille, et de graines. Cette accumulation de matières facilement inflammables et les matériaux combustibles entrant dans l'édification des maisons, présentaient des aliments faciles à la propagation des incendies. Nous trouvons, dans les archives de la ville, la mention d'un grand incendie qui se déclara chez un boulanger de la rue du Démer, dans la nuit du 26 au 27 septembre 1615,

---

(1) Il existe encore deux de ces tourelles, l'une à la maison du bourg-mestre Goetsbloets, l'autre à celle occupée actuellement par la Banque Centrale du Limbourg.

(2) Par les registres des actes scabinaux, nous avons pu constater, la présence, dans le centre même de la ville, de plusieurs granges. Au commencement du XVIIe siècle, il y avait une grange appelée *die Cranschuer*, à l'endroit où se trouve actuellement un jardinet dépendant de la maison du *Sweert*. Au siècle passé, il existait encore une grange à côté du local actuel de la Société royale de Musique et de Rhétorique, dans la rue Vieille. La maison du *Scherpesteen* avait sa grange attenante à l'hôtel, dans la rue du Démer, etc., etc.

et qui dévora une quarantaine de maisons de cette rue.

Aussi les magistrats de la ville veillaient avec le plus grand soin au bon entretien des engins propres à combattre l'intensité des désastres provenant du feu. Dans presque chaque rue, comme nous l'avons vu précédemment, il y avait un ou plusieurs puits propres à fournir de l'eau dans ces circonstances. De temps en temps, la ville y faisait faire des réparations pour les tenir en bon état ; elle avait de grandes échelles de sauvetage, des crochets pour renverser les murs qui menaçaient ruine pendant la déflagration, des seaux en cuir et elle obligeait les corps des métiers et les habitants de la banlieue d'avoir des instruments de sauvetage (1). De plus, quand le veilleur, établi, la

---

(1) Nous extrayons, d'une ordonnance du 5 mai 1514, les articles suivants :

In den eersten dat die geboerscappen hun putten doen op maken soe dat behoert oft die Here sal sy metten landrecht, daer toe dwingen.

Item vorts sullen die geboerscappen op die eertyds Cruysstraet ende op die Demer ellick een goede leer doen maken om te vuer te gaen.

Item eigelick ambacht na syn geweiter sall leeren emers doen maken allen gesamentlick tot veertich leeren emers toe, ende dit geschied binnen St-Jans messe (24 juni) neestkomende, eer burgeméesters en de raedt die nu syn afgaen op die pene verschreven. (Le 24 juin se faisait le renouvellement du conseil).

Voici la quantité de seaux en cuir à livrer par chaque métier :

Die Smede (les forgerons)	6	leren	emers
Beckers (boulangers)	3	"	"
Brauwers (brasseurs)	3	"	"
Vleeschouwers (bouchers)	3	"	"

nuit, sur la tour de la chapelle de la Vierge, sonnait l'alarme pour un incendie, les hommes des différents métiers et des compagnies assermentées devaient se réunir, à des endroits déterminés, pour de là se rendre, sous la conduite de leurs capitaines, au lieu du sinistre. En outre, il était défendu de laisser, pendant la nuit, devant les maisons, ou les portes des granges, de la paille, du foin ou du chanvre (1). Le vol ou même la dégradation des pièces matériel d'incendie était puni de peines sévères.

Enfin, comme le Magistrat s'aperçut que ces mesures de prudence ne suffisaient pas à combattre la fréquence des sinistres, il fit un règlement plus radical. Il défendit, par une ordonnance du 30 avril 1703, de réparer ou de construire aucun toit en chaume sous peine de démolition et d'une amende de 10 florins d'or. Il ordonna de faire les nouvelles toitures en ardoises, pannes ou carreaux. Il octroya à tous ceux qui, dans un délai de 10 ans, referaient leurs toits, en matériaux à l'abri du danger d'incendie, une

---

Kremers (merciers)	6 leren	emers
Cleersnyders (tailleurs)	4 ″	″
Lakemakers (drapiers)	4 ″	″
Volre (foulons)	2 ″	″
Scherders (retondeurs)	3 ″	″
Loieders (tanneurs)	2 ″	″
Scoenmakers (cordonniers	2 ″	″
Lynlakemakers (tisserands) 2	″	″

Registre des récez t. I, p. 14.

(1) D'après l'art. 4 de l'ordonnance du 4 mai 1514.

intervention d'un tiers dans la dépense (1). Une ordonnance du 14 juillet 1706 prescrit de ne plus bâtir les murs mitoyens qu'en briques ; de ne plus élever de granges sur l'emplacement de maisons ; de démolir toutes les cheminées en torchis ; de ne plus engranger ni paille, ni foin, ni lin, ni chanvre, ni tourbe, ni fagots, dans les environs de la Grand'place, de l'église paroissiale et dans les autres quartiers situés au centre de la ville (2).

L'indroduction de ces mesures amena la diminution du nombre des granges, la disparition des maisons en torchis dans la partie centrale de la ville. Du moment qu'on ne put plus déposer dans les greniers les produits directs de la culture, les espaces ouverts dans les façades entre la toiture et l'étage habité devinrent inutiles. On finit par les boucher et les supprimer.

La construction de la chaussée de Liège à Hasselt décretée en 1712, mais achevée seulement en 1741, amena un grand changement et une forte recrudescence dans la bâtisse par suite de la facilité du transport des matériaux (3). La pierre

-----

(1) Voir les articles XXXVII et XXXVIII des *Politike ordonnantien* inserés dans les *Privilegien statuyten en de Reglementen der stadt Hasselt.*

(2) Voir articles XXXIX, XL, XLI et XLII des *Politike ordonnantien*.

(3) Plusieurs maisons de la Grand'place ont été reconstruites même avant l'entier achèvement des travaux de la chaussée de Liège à Hasselt. Le café des *Trois-pistolets* porte gravée sur la pierre qui lui sert d'enseigne la date de 1730. Voir l'article intitulé : Hasselt sous les Princes-Evêques de Liége, dans le XXIVe volume des bulletins des Mélophiles aux pages 119 et 126.

de taille prend, à cette époque, une importance de plus en plus considérable dans l'érection des façades. Dans l'intérieur des maisons, les moulures et les ornements en plâtre viennent ajouter un certain caractère d'opulence aux appartements. Les baies des fenêtres deviennent plus hautes et n'ont plus de croisillons. Une corniche horizontale, supportant une gouttière termine supérieurement la façade. Dans les grandes maisons, l'escalier prend une importance exagérée et occupe avec ses différents paliers un espace considérable.

L'aspect pittoresque de nos rues a beaucoup perdu par le système de numérotage des maisons et la disparition des vieilles enseignes. Celles-ci, au temps jadis, où l'instruction était peu répandue, personnifiaient le logis et servaient de réclame au négociant. Elles formaient partie de la propriété. Encastrées dans la façade ou débordant sur la voie publique et ballotant autour d'un axe en fer, elles attiraient les regards. Quelques unes même avaient un certain caractère artistique et nos archives nous ont conservé les noms d'un peintre, Guillaume Lowicks, et d'un sculpteur du nom de Jacop qui, au XVIe siècle, excellaient dans cette partie de l'art appliqué à l'industrie (1).

---

(1) Voir XXVe volume des Mélophiles, pp. 117 et 118 en note.

Les collections de l'hôtel-de-ville et de M. le Dr Bamps renferment quelques unes de ces vieilles enseignes entre-autres celles de la maison des *Trois rois*, celle de la maison nommée *het Land van beloften* et celles des maisons dénommées : St-Alexis, St-Joseph, etc.

Il serait désirable que les personnes qui possèdent encore de ces vieux souvenirs en fissent don à l'administration communale pour constituer

MAISON "'t ZWAERT"
ET RUE DE LA CHAPELLE.

Comme les vieilles dénominations des maisons sont les seuls souvenirs qui nous restent de la plupart de nos anciennes demeures, nous avons tâché de recueillir, sur ce sujet, le plus de renseignements possibles. Nous avons compulsé, à cet effet les registres scabinaux de 1696 à 1796. Dans ces registres, qui sont conservés dans le dépôt des archives de l'état, se trouvent inscrits tous les actes de vente et des transactions faits à Hasselt pendant un siècle. Nous avons également trouvé des éléments de notre travail dans un registre de l'ancien couvent des Augustins et dans ceux de nos établissements charitables. (1). Ces renseignements joints à ceux que nous ont fournis quelques personnes d'un âge avancé nous ont permis de reconstituer, en partie du moins, les dénominations des maisons de nos rues principales.

Les habitations situées dans les rues moins importantes ne sont la plupart désignées, dans ces anciens documents, que par les noms de leurs propriétaires ; aussi, pour ces rues, nous avons été moins heureux dans nos recherches. Il faut croire que ces maisons n'avaient pas d'enseignes.

---

une collection qui formerait le noyau d'un petit musée archéologique.

Nous signalons parmi les vieilles enseignes qui existent encore, celle de la maison du *Sweert* au coin de la Grand'place. Elle est reproduite dans la 2me édition de la *Belgique illustrée*. Le dessin en est dû à un de nos compatriotes, M. l'avocat P. Bamps.

(1) Ces registres ainsi que plusieurs renseignements nous ont été fournis par MM. H. Van Neuss, archiviste provincial, et Grauls, receveur des hospices. M. J. Swennen nous a communiqué des notes sur des inscriptions lapidaires trouvées en ville.

Malgré toutes nos recherches pour compléter les dénominations des maisons de nos principales places et rues, il reste encore des lacunes à combler. De plus nous avons rencontré quelques enseignes, dans chaque rue, dont nous ne sommes par parvenus à fixer l'emplacement des habitations auxquelles elles se rapportaient. Nous avons inséré celles-ci à la suite des séries d'enseignes que nous avons pu déterminer, sous la rubrique : *à classer*. Nous commençons par la Grand'place et les quatre principales rues qui y aboutissent, en rayonnant, dans notre inventaire, du centre de la ville vers les extrémités. Pour les rues latérales, nous prenons pour point initial les grandes artères auxquelles elles aboutissent.

Grand'place. Nous avons pu déterminer le nom de toutes les maisons de la Grand'place. Nous débuterons dans notre énumération par le côté situé vers l'orient en passant par le sud, pour finir par le côté nord. Nous avons conservé l'orthographe du XVIII⁰ siècle telle qu'elle se trouve dans les registres consultés.

Côté est. *De Gulden appel* (la Pomme d'or), *het Gekroond hert* (le Cerf couronné), *het Slot* (la Serrure), *de Dry pistolen* (les Trois Pistolets).

Côté sud. *De Ring* (l'Anneau), *de Korenbloem* (la Fleur de blé), *de Stad van Antwerpen* (la Ville d'Anvers), *de Dry pelgrims* (les Trois Pélérins), *de Wildeman* (1) (l'Homme

---

(1) *Le Wildeman* au XVI⁰ siècle était une auberge (Bulletin des Mélophiles, t. XXV, p. 88.

Sauvage), *de Dry goudbloemen* (1) (les Trois fleurs d'Or ou les Trois soucis), *de Halle* (2) (la Halle).

Côté-ouest : *de Draak* (le Dragon ou l'Hydre), *de Sleutel* (la Clef), *de Voetboogkamer* (la Chambre des Arbalêtriers) (3), *het Zwaert* (le Glaive) (4).

Côté-nord : *de Roos* (la Rose), *de Helm* (le Casque) (5), *de Gulde kop* (la Tête d'or), *de Gulde hand* (la Main d'or) (6), *de Maan* (la Lune) (7), *de Sterre* (l'Etoile), *de*

---

(1) Cette maison récemment démolie avait pour enseigne trois soucis dorés. Une maison au coin de la rue de Diest portait le nom de *Goudbloem*.

(2) Nous avons fait, plus haut, l'historique de cette maison. Pour des détails plus circonstanciés voir : l'Histoire du local occupé par la Société littéraire de Hasselt par le Dr C. Bamps.

Il devait y avoir au XVIIIe siècle une maison en moins qu'actuellement sur ce côté de la place.

(3) Voir sur la *Voetboogkamer* l'histoire du local de la Société littéraire, par Dr C. Bamps.

(4) La façade de cette maison porte la date de 1639, époque où elle fut élevée par un pharmacien appelé Demey. Le masque grimaçant d'où sort le bras tenant le glaive rappelle la profession de celui qui l'a fait construire. Dans quelques villes de la Hollande, on trouve encore, sur les anciennes pharmacies, ces masques comme enseigne de la profession. Voir, pour quelques détails historiques sur cette maison, le volume XXVe des bulletins des Mélophiles aux pages 82, 83 et 131.

(5) Le *Casque*, au XVIe siècle, était un hôtel de renom. Voir XXVe volume des bulletins des Mélophiles aux pages : 88, 96, 106, 116, 122, 127 et 131.

(6) Loco citato, pp. 125 et 126. C'était la maison de Jean Eyben, dont nous avons parlé plus haut.

(7) La tradition rapporte que c'est à cette maison que se rattache

Goude ketting (la Chaîne d'or), *de Baert* (la Barbe), *de Koning van Polen eertijds de stad Thienen* (le Roi de Pologne autrefois la Ville de Tirlemont), *de Gulde sleutel* (la Clef d'or).

Rue Haute. Il nous manque les dénominations de deux ou trois maisons de cette rue ; nous les remplaçons par des points (1).

Côté-est : *de Helm* (le Casque) (2), *de Dry koningen* (les Trois rois (3), *de Reep* (le Cerceau), *de Suikerton* (le Tonneau à sucre), *het Molenyser* (le Fer de moulin), *de Laurier* (le Laurier) (4), au coin du marché aux poulets. *De Blauwe klok* (la Cloche bleue), *de Roodepoort* (la Porte rouge), *de Witte Valck* (le Faucon blanc)..... *de Wand* (le Van) (5) qui forme le coin du Marché-au-Beurre.

---

l'histoire du miracle de l'ardoisier retenu par la Vierge de l'église de la Chapelle.

(1) La rue Haute au XVIe siècle faisait partie de la rue du Demer. Voir une note ci avant.

(2) Nous venons de parler de cette hôtellerie.

(3) L'enseigne de cette maison est conservée à l'Hôtel-de-ville.

(4) Cette maison a été couvertie en trois habitations.

(5) Le *Wand* occupe problement l'emplacement de la vieille Halle aux pains citée dans un testament de 1295. (Voir bulletins des Mélophiles t. X, p. 3).

M. le chevalier de Corswarem, dans le Mémoire historique sur les anciennes limites et circonscriptions de la province de Limbourg, p. 218, cite une ferme, *een hoefstat*, dite la Vieille Halle, der *Alde Halle*, joignant le cimetière et la rue du Demer, relevée à la salle de Curange le 28 novembre 1421.

Côté-ouest : *de Roos* (la Rose), *de 7 Ween* (les 7 Douleurs), *de Pluym* (la Plume), *de Kleyne schoppe* (la Petite pelle), *de Dry kroonen* (les Trois couronnes), *de Gulden wagen* (le Chariot d'or), *het Zwart schaap* (le Mouton noir), *de Hoezaer eertijds de 5 haringen* (le Hussard, autrefois les 5 harengs), *de Gulde poort* (la Porte d'or), au coin de la rue Vieille, *de Trompet* (la Trompette), *de Peereboom* (le Poirier), *de Molensteen* (la Meule de moulin), *de Kroon* (la Couronne) (1)..... A côté de la Couronne il existait une issue du local des archers (2).

Rue du Demer. Les premières maisons de cette rue, du côté de l'ouest, ont dû être reculées lors de l'élargissement de cette voie. Elles se trouvent maintenant en alignement avec les maisons de la rue Haute. Celles qui se trouvaient de l'autre côté n'ont pas été soumises à ce recul. *Le Scherpensteen* présentait d'abord sa façade du côté de la rue Haute.

Malgré nos recherches, la liste que nous avons dressée des enseignes des maisons de cette rue présente quelques lacunes surtout du côté de la porte de la Campine. Nous donnons ci-après les séries d'enseignes que nous avons trouvées.

---

(1) Hôtel renommé au XVI⁰ siècle. Voir des détails historiques sur cette maison dans le tome XXV des bulletins des Mélophiles aux pages : 118, 119, 124, 125, 127, 131 et 133.

(2) Les archers ont occupé la partie du local actuel de la Société royale de Musique et de Rhétorique qui longe la rue du Lombard. En 1773 leur lieu de réunion était à l'hôtel-de-ville.

Côté-est : *het Rood Kruys* (la Croix rouge) au coin du Marché au Beurre, *de Gulde Boog* (l'Arc d'or), *Scherpenheuvel* (Montaigu), *den Yzeren Hoedt* (le Chapeau de fer) .... *den Ossenkop* (la Tête de bœuf) (1), *de Oliphant* (l'Eléphant), *het Kleyn fortuyn* (la Petite fortune), *het Groot fortuyn* (la Grande fortune) (2), *de Koning van Vranckeryck* (le Roi de France)..... *den Heyligen Geest* (le Saint-Esprit), *Sint-Jozef* (Saint-Joseph), *de Fransche kroon* (la Couronne de France), *de Gulde Engel* (l'Ange d'or)..... *de Warande* (le Parc), au coin de la rue du Peerdsdemer. L'autre coin était occupé par une maison appelée *de Trapkens* (le Petit escalier), puis sur la même ligne et joignant l'une à l'autre : *Bachus op de Ton* (Bacchus sur le tonneau), *de Verlooren zoon* (l'Enfant prodigue)..... *de Gulden spoor* (l'Epéron d'or), *de Blauwe Keyzer eertijdts de Schild van Hasselt* (l'Empereur bleu, autrefois l'Ecusson de Hasselt) joignant l'église des Sépulchrines. Au delà nous n'avons pu déterminer que *het Kleyn en het Groot Vogelsanck* (le Petit et Grand Vogelsanck), et *de Melk teel* (l'Ecuelle au lait). Ces deux dernières maisons formaient le coin de la rue qui conduisait au couvent des Dames blanches.

Côté-est : *de Scherpesteen en haere schuur* (la Pierre

---

(1) C'est la vieille maison, si pittoresque autrefois, dont nous avons parlé au commencement de ce chapitre.

(2) La *Grande fortune* était, au XVIIIe siècle, une brasserie. Elle est maintenant occupée par une distillerie. Elle avait alors, comme de nos jours, une issue sur la *Raemstraat*.

aigüe et sa grange) (1) *het Gulden Verken* (le Cochon d'Or),
de Prins Cardinael (le Prince Cardinal), *de Silvere Lampet*
(l'Aiguière d'argent), *de Prins van Oranje* (le Prince
d'Orange). Toutes ces maisons ont été démolies pour l'élargissement de la rue. Depuis la rue dite *Waalputstraat*
jusqu'à celle des Récollets on avait : *de Groenen Schildt*
(l'Enseigne verte), *de Belle* (la Sonnette), *de Witte Lelie*
(le Lis blanc), *het Gulden Vlies* (la Toison d'or), *de Gulden
Os* (le Bœuf d'or), *de Kempensche Hoeiwagen* (la Charette
à foin de la Campine) (2), *het Gulden Hooft* (la Tête d'or),
de Helle (l'Enfer ?) De la rue des Récollets à la porte
de Campine il y avait : *het Land van Belofte* (la Terre
promise),..... *de Gulden Baert* (la Barbe d'or), *Hertog
Leopold ook Luyckere Brouwery* (le duc Léopold aussi
Brasserie liégeoise), *de Toebaks Pyp* (la Pipe de tabac),
het Gulde Mandeken (le Petit panier d'or), *de Kemel* (le
Chameau), *de Dry Kandeleers* (les Trois chandeliers).....
La porte pour aller au moulin..... *Klein Keulen* (Petit
Cologne) *Groot Keulen* (Grand Cologne), *de Dry Zwaenen*
(les Trois cygnes), *de Bruynen Spiegel* (le Miroir brun),

---

(1) La maison du *Scherpensteen*, était au XVIIe siècle une des principales hôtelleries de Hasselt. La Reine de France, Marie de Médicis, mère
de Louis XIII, y descendit, le 12 août 1633. (Mantelius, *Hasseletum*,
p. 93). En 1650, le nonce apostolique, Fabius Chisius, qui devint
plus tard pape sous le nom d'Alexandre VII, logea au même hôtel.
Le poëte hollandais, Vondel, y séjourna quelque temps et fit une
pièce de vers en l'honneur de son hôte.

(2) Dans cette maison ou sa voisine est né, le 23 septembre 1599,
l'historien hasseltois Mantelius. Voir un article de M. Camille Huysmans, dans le *Limbursch Jaerboek* de 1893-94, p. 46.

vis-à-vis de l'église des Sépulchrines. De là jusqu'à la porte nous n'avons retrouvé que trois maisons dont nous ayons pu déterminer les enseignes : *s'Hertogenbosch* (Bois-le-Duc), *de Boog* (l'Arc) ; et *de Munt* (la Monnaie) que nous avons citée plus haut, parmi les anciens ateliers monétaires.

Il reste à classer, dans cette rue, les maisons suivantes dont nous n'avons pu déterminer l'emplacement : *De Witten Haen* (le Coq blanc), *de Pekton* (le Tonneau à goudron), *den Eikenboom* (le Chêne), *het Dorstig hert aen de Kempische poort* (le Cerf altéré, près de la porte de la Campine).

Rue de Maestricht. La liste des enseignes de cette rue présente encore beaucoup de lacunes et quelques dénominations de maisons dont nous n'avons pu retrouver l'emplacement. Nous donnons les renseignements que nous avons pu nous procurer en commençant par les maisons situées sur le :

Côté sud-est. *De Valk* (le Faucon) (1), *de Peroon* (le Perron), *het Hoëfyzer* (le Fer à Cheval) (2), *het Schip* (le Vaisseau) (3), *de Keyzer* (l'Empereur), *de Ketel* (le

---

(1) Voir, dans le Tome XXV des bulletins des Mélophiles, l'article intitulé : Aperçu historique sur la maison du *Valck*, par C. Bamps.

(2) Le plus ancien régistre aux recèz du Collège de Ste-Cecile portait : *Recessen gedragen door 't beroemd gezelschap van Sta-Cecilia, gesticht door Herman Van den Ryst in 1535 in 't huis neven 't Hoefyser in de Trichterstraet.*

(3) Dans cette maison a été caché, quelque temps, au commencement de ce siècle, le bel Ostensoir, le plus ancien du pays, provenant de l'abbaye de Herckenrode, maintenant déposé à l'église St-Quentin et connu sous le nom de Saint-Sacrement de miracle. (Voir Bulletins, T. XXVI, p. 71, en note).

Chaudron) (1), *de Windmolen* (le Moulin à vent), *de Dry hoefyzers* (les Trois fers à cheval), *de Gulde klok* (la Cloche d'or), *Sint-Anthonius* (Saint-Antoine), *het Rood huisken, ook Bourgoinsch kruys* (la petite Maison rouge, aussi nommée Croix de Bourgogne), *de Tinnen pot* (le Pot d'étain), *de Anker* (l'Ancre) au coin de la rue du *Beek*. Puis nous trouvons : *De Zeehaen* (le Coq marin), *de Gulde haen* (le Coq d'or), *de Beer* (l'Ours), *het kleyn Vat* (le petit Tonneau), *het Wynvat* (le tonneau de Vin) (2), *de Boek* (le Livre), *het Hooghuis* (la Maison haute), *de Waag* (la Balance) située à l'entrée de la Petite rue des Capucins. Des maisons situées entre cette dernière ruelle et la Grande rue des Capucins, nous ne sommes parvenus à déterminer que : *de Pasteye* (le Pâté) (3), *de Kleyne pasteye* (le Petit pâté), *de Jaeger* (le Chasseur) et *den Haen* (le Coq), maison du coin de la rue des Capucins. A l'autre coin nous trouvons : *de Verkensdans* (la Danse des cochons), puis *het Waerenhof* (?) (4), *den Gulden hond* (le Chien d'or), *de Stad Tongeren* (la ville de Tongres), *de Groote klok* (la Grande cloche), *de Kleyne klok* (la Petite cloche) ..... *de Groote welle* (le Grand rouleau) et *de Kleyne welle* (le Petit rouleau) joignant la porte de Maestricht.

------

(1) Le *Ketel* était un hôtel, au milieu du XVIe siècle : Voir bulletins des Mélophiles, T. XXV, p. 191, en note.

(2) Cité plus haut parmi les ateliers monétaires temporaires.

(3) Cité plus haut parmi les ateliers monétaires.

(4) Le *Waerenhof* est la maison citée par Mantelius sous le nom de *Mombeek* elle a servi quelque temps d'atelier monétaire. Voir plus haut.

Côté nord et ouest : *De 3 Pistolen* (les Trois pistolets), *de Groote pistool* (le Grand pistolet)..... *de Silvere lamp* (la Lampe d'argent), *de Zwaan, over den Keyser* (le Cygne, en face de la maison enseignée l'Empereur), *de Bril* (les Lunettes), *de Groote Maagt van Maestricht* (la Grande pucelle de Maestricht), *de Kleyne Maagt van Maestricht* (la Petite pucelle de Maestricht), *de Dry duyven* (les Trois pigeons)..... *de Papegay* (le Perroquet), *de Soetenaem* (le Nom de Jésus), *de Eeckel* (le Gland) qu'on a démoli pour élargir la place appelée anciennement *Schorsmerkt*, aujourd'hui Marché aux pommes de terre (1), sur cette dernière place nous avons trouvé : *de Druyventros* (la Grappe de raisin), *het Rat* (la Roue), *de Noteboom* (le Noyer)..... A l'entrée de la rue de Maestricht, au débouché du *Schorsmerkt*, nous trouvons *de Groote bierwagen* (la Grande charette de brasseur) qui fait saillie, et la maison voisine *de Kleyne bierwagen* (la Petite charette de brasseur). Pour le reste des maisons de ce côté de la rue, nous n'avons trouvé que *de Pruymenboom* (le Prunier), maison occupée actuellement par le receveur des contributions), *de Gekroonden haen* (le Coq couronné) et *de Kruywagen* (la Brouette) ces deux maisons étaient en face de la *Pasteye*), *de Blauwen hond* (le Chien bleu) au coin de la rue d'une personne, *de Refugie van Herckenrode* (le Refuge de Herckenrode que nous avons cité dans le chapitre des monuments) et enfin une maison

-----

(1) *De Eeckel* était, au siècle dernier, une auberge. Elle a été démolie vers 1870 pour l'élargissement de la place qui sert actuellement de Marché aux pommes de terre.

près de la porte de Maestricht : *de Ploeg* (la Charrue).

Nous ne sommes pas parvenus à classer les maisons suivantes : *de Kleynen munthamel* (le Petit marteau de monnayeur), *het Zwart peerd regenoten de Witten helm en de stad Luyck* (le Cheval noir joignant le Heaume blanc et la ville de Liége), *de Traüwe* (le Loyal), *het Steenen huys regenoten het Cremers ambacht* (1) (la Maison en pierre joignant le local des Merciers), *de Gekroonde* (le Couronné), *Sint-Pieter* (St-Pierre), *Sint-Rochus* (St-Roch) en *de Kleynen en Grooten braeck* (la Grande et la Petite jachère). Ces quatre maisons étaient près de la porte.

Rue Neuve. CÔTÉ-EST. *De Dry goudbloemen* (les Trois fleurs d'or ou soucis), *de Kleyne goudbloem* (la Petite fleur d'or), *de Witte engel* (l'Ange blanc), *de Zalm* (le Saumon), *de Dry leeuwen* (les Trois lions) (2), *de Gulde kelk* (le Calice d'or), ... *de Witte wand* (le Van blanc), *de Moriaan kop* (la Tête de maure), *de Kopere mortier* (le Mortier de cuivre), *de Dry vogelkens* (les Trois oiselets), *de Tinnen schotel* (le Plat d'étain), *de Haen eertyds de Peelmolen* (le Coq autrefois le Moulin à décortiquer), ... *het Rooden hart* (le Cœur rouge), *de Gulde raaf* (le Corbeau d'or), *de Blauwe steen* (la Pierre bleue), *de Uil* (le Hibou), *het Graven huys* (la Maison du comte) (3), *het Vosken* (le Petit

---

(1) Le métier des merciers était un des plus importants des douze métiers de la ville.

(2) De cette maison on a fait deux ou trois habitations.

(3) Le *Gravenhuys* était la demeure de la famille de Geloes, elle avait été au XVIe siècle exempté de toutes contributions et charges

renard (1), *Sint-Rochus* (Saint-Roch), *de Vleermuis* (la Chauve-souris), *de Wildeman* (l'homme Sauvage), *de Egge* (la Herse) joignant le rempart.

Côté-ouest : *De Halle* (la Halle aux draps), *het Yzere kruys* (la Croix de fer), *de Bruyne visch* (le Poisson brun), *de Koning David* (le Roi David), *de Gekroonde haen* (le Coq couronné), *de Roode haen* (le Coq rouge), *de Gulde wagen* (le Chariot d'or), *de Regenboog* ('Arc-en-ciel), *de Waeg* (la Balance), *de Dry koppel peerden* (les Trois chevaux accouplés), *de Duyve* (le Pigeon), *het Komken* (la Petite jatte), *de Pauw* (le Paon), *de Hertog van Beieren* (le Roi de Bavière) qui se trouvait au coin du Marché aux cochons. A l'autre coin se trouvaient *de Groote en Kleyne roskam* (la Grande et la Petite étrille), puis *het Groen peerdt* (le Cheval vert), *de Kreeft* (l'Ecrevise), *de Dry ruylers* (les Trois cavaliers) ..... et *de Posthoorn* (le Cornet de Poste) à l'extrémité de la rue.

Rue de la Chapelle. Côté-sud : *Het Zwaert* (le Glaive), *het Gulde kalf* (le Veau d'or), *de Zwarte hoed* (le Chapeau noir), *de Hof van het zwaert, eertijds Kranse schuer* (le Jardin du Glaive, autrefois la grange de la Guirlande, ferme située en face), *de Aanbeeld* (l'Enclume), *de Zwarte leeuw*

à cause des services rendus par un membre de cette famille. Voir Hasselt sous les Princes-Evêques de Liége. T. XXIII, p. 66 des bulletins des Mélophiles.

(1) Un registre des hospices, contient la notation suivante : *Daer is omtrent het jaer 1780 een nieuw huys buyten de Nieuwpoort gebouwt welk men ook den naem van 't Vosken heeft gegeven.*

(le Lion noir), la ruelle Notre-Dame, *de Waelvisch rege-noten Ons-Lieve-Vrouw steege* (la Baleine au coin de la ruelle Notre-Dame) (1), l'église de la Chapelle, *het Kapel-huys* (la Maison de la chapelle) (2), *de Oranjeboom* (l'Oranger), *de Gans* (l'Oie), *de Blaesbalk neffens den hof der Augustynen* (le Soufflet de forge joignant le jardin des Augustins) (3), le couvent des Augustins, *het Collegie* (le Collège) (4), *de Mortier* (le Mortier), *Sint-Gertruyd* (Sainte-Gertrude) au coin du *Maegdendries*.

Côté-Nord : *De Roos* (la Rose), *de Fonteyn eertijds het Lavoir* (la Fontaine autrefois le Lavoir), *de Gulde beurs* (la Bourse d'or), *de Keyzerinne eertijds de Krans* (l'Impératrice autrefois la Guirlande).....*de Gulden hoet* (le Chapeau d'or), *de Saligmaker* (le Sauveur), *Kermpt* (Kermpt) (5)..... *Sint Barbara* (Sainte Barbe), *de Kleyne en de Groete wynroemer* (le Grand et le Petit verre-à-vin), *de Paasche kaars* (le Cierge pascal). .... *het Huyske van seven spannen over de kerk van O. L. V.* (la Maison de 7 empans devant l'église N. D.), la ruelle appelée autrefois *de Gomperstege*, *het Groen huys neffens de stege* (la Maison verte au coin de la ruelle), *de Dry keersen* (les Trois chandelles), *de*

____

(1) Cette maison est citée dans les actes antérieurs à la construction de l'église actuelle.

(2) Cette maison fait actuellement partie du couvent des Récollets.

(3) En 1509, le *Blaesbalk* était une auberge (comptes communaux).

(4) C'est l'ancien collége des Augustins.

(5) C'est la maison où l'on représente tous les sept ans le miracle de l'enfant de la négresse.

Lance kroon (la Couronne de lance), *de Bonten os* (le Bœuf bigarré)..... *het Tonneken* (le Tonneau), *het Kleyn tonneken* (le Petit tonneau) (1), *de Pelikaen* (le Pélican), *de Kleyne scyssen* (la Petite fancille), *de Scyssen* (la Fancille), *de Arend* (l'Aigle) (2)..... *de Vogelstruys* (l'Autruche), *de Reep* (le Cerceau), *de Kleyne wyzer en de Groote-wyzer* (le Petit cadran et le Grand cadran) au coin du Marché au bois.

Rue de Diest. Cette rue avant la démolition des remparts n'avait qu'un peu plus de la moitié de la longueur actuelle. Elle n'est désignée dans les anciens documents que par la dénomination : *aen de Curingere poort.* Nous avons trouvé les enseignes suivantes pour les maisons du

Côté-sud : *de Goudbloem* (la Fleur d'or ou le Souci) au coin du *Maagdendries, de Witte leerse* (la Botte blanche), *de Witte leeuw* (le Lion blanc).....

du Côté-nord : *de Kleyne en Groete prins van Luyck* (le Petit et le Grand prince de Liége), *de Kamp* (le Peigne), *de Roesser* (le Gril), *de Boerendans* (la danse des paysans) (3), *de Wal* (le Rempart). Nous avons trouvé cité dans cette rue : *de Kleyne en de Groete gasthuyskerk* (la Petite et la Grande église de l'hôpital). Nous ne savons pas à quelles maisons attribuer ces dénominations.

---

(1) Maison où est né, d'après la tradition, François Titelmans, savant qui a joui au XVIe et XVIIe siècle d'une réputation brillante et d'une autorité incontestée. Thonissen qui a écrit une biographie de Titelmans le regarde comme une des figures les plus imposantes de notre histoire littéraire.

(2) Ancienne demeure des barons d'Oostham.

(3) Maison habitée actuellement par M. l'avocat Cox.

Marché aux avoines. Jusqu'au commencement du XVIe siècle cette rue a fait partie de l'ancienne *Joedenstraet* (rue aux Juifs). L'établissement de plusieurs marchés dans cette rue lui a fait donner différents noms. Au commencement du XVIIIe siècle, la partie avoisinant le *Maegdendries* est encore désignée sous le nom de *Peerdsmerkt* (Marché aux chevaux). La dénomination de Marché aux vaches a persisté jusqu'à nos jours. Nous avons trouvé dans cette rue les enseignes suivantes :

Côté-sud : *Het Spiegelke* (le petit Miroir), *het Leerske* (la petite Botte) (1), puis nous avions la *Joedenstraet* actuellement disparue, *het Ald stadhuys* (l'Ancienne maison de ville) (2), le couvent et l'église des Frères Cellites (3), la rue des Frères Cellites qui portait anciennement le nom de *Keistelstege*, *Sint-Alexis* (Saint-Alexis) (4), *de Gulden sadel* (la Selle d'or)... *Sint-Augustinus* (Saint-Augustin) (5)... *de Dry ceckelen* (les Trois glands), *de 3 Raepen* (les Trois navets) .... *de Lindeboom* (le Tilleul) au coin de la rue, dite *Maegdendries*.

Côté-nord : *De Draak* (le Dragon ou l'Hydre) ..... *het*

---

(1) Cette maison porte la date de 1653.

(2) Cet Hôtel-de-ville formait anciennement une maison particulière ayant pour enseigne *de Kroon* (la Couronne).

(3) Ces deux emplacements sont occupés actuellement par l'Hôtel du Limbourg, le Palais de Justice et l'Ecole moyenne des filles.

(4) Actuellement démolie pour l'élargissement de la ruelle des Frères Cellites.

(5) Maison occupée par M. le notaire Portmans. Cette maison s'appelait aussi l'hôtel *Swartzenberg*.

Geutje (la Gouttière), la ruelle Notre-Dame, *de Nageltonne* (le tonneau aux clous), *de Sterre* (l'Etoile), *de Zeehond* (le Chien marin), *de Stad van Maestricht* (la Ville de Maestricht), *de kleyne en de groote Gulde put* (le petit et le grand Puits d'or) (1), *de Hollandsche tuyn* (le Jardin hollandais) ..., *de Katte* (le Chat) et le couvent des Augustins. A classer : *De groote en kleyne Eenhoren* (la grande et la petite Licorne).

Rue Vieille. Désignée dans les anciens documents par les noms de *Aldestraet* et *Auwestraet;* nous a fourni les enseignes suivantes :

CÔTÉ-SUD : *De Gulde deur* (la Porte d'or), une issue de la maison appelée tantôt *de 5 Haringen*, tantôt *de Houzard*, déjà renseignée Rue-Haute, *het Verksken* (le petit Cochon), *de groote en de kleyne Rosmeulen* (le grand et le petit Moulin à chevaux) ..... une issue du Verre-à-vin, la ruelle dite autrefois *Gomperstege* ..... *de Gulden wereld* (le Monde d'or) (2), *de Kante school of Marolleschool* (l'école Dentellière ou des Marolles) (3) ..... *Heusden achter den Arendt* (Heusden, joignant par derrière l'Aigle de la rue de la Chapelle) ..... *de Buyle kist* (le Hûche à bluter) au coin du Marché au bois.

CÔTÉ-NORD : *De Trompet* ..... une issue du *Molensteen*, rue Haute, ... *Rhetorica* (le local de la société de Rhéto-

---

(1) Le *Gulden Put* dont parle Mantelius est occupé actuellement par la Banque Centrale du Limbourg.

(2) Le *Gulden Wereld* était vers 1766 une distillerie.

(3) Nous avons donné, plus haut, des renseignements sur cette école.

rique), *een Schuer* (une grange) ..... *de groote en de kleyne Dry snoeken* (les petit et grand Trois brochets) ... La ruelle dite *Swaenesteeg* (1), *de Gulde zwaen* (le Cygne d'or) ..... *Uytgang van de Zeepton* (issue du Tonneau au savon, rue du Lombard) ..... *Roomen* (Rome) .....

Rue du Lombard. Nos recherches ne nous ont fourni que les enseignes suivantes :

CÔTÉ-SUD : ..... *de Handboogkamer* (le local des archers) (2), *het Hooghuis* (la Maison haute), *Uytgang der 3 snoeken* (Issue des 3 brochets) ..... *de Zwaenesteeg* (la ruelle du cygne) ..... *de Zeepton* (la Tonne au savon) qui avait une issue dans la rue Vieille.

CÔTÉ-NORD : *de Scherpesteen* (la Pierre aiguë), *het Haaske* (le Levraut), *Sint-Joris* (Saint-Georges), *de Dry eemers* (les Trois seaux). L'Hôtel-de-ville avec ses deux anciennes dépendances (3), *de Oyevaer* (la Cigogne) *het Klaverblad* (la Feuille de trèfle) ..... *de Biekorf* (la Ruche), *de Bierkaer* (la charette de brasseur) au coin de la rue des Menuisiers.

A classer *de Meyboom* (le Mai), *de Panne neffens do Groote en Kleyne nobel* (le Poêlon à côté du Grand et du Petit noble).

Rue des Récollets. Cette rue appelée anciennement *Vleminckstraet et Platea Flamingorum* (dans le Registre n° 8 des Augustins) nous a fourni très peu d'enseignes ; nous n'avons trouvé que les indications suivantes :

----

(1) Voir plus haut ce que nous avons dit sur cette ruelle.

(2) Maintenant local de la Société royale de Musique et de Rhétorique.

(3) Ces deux dépendances ont été démolies pour dégager la façade de l'Hôtel-de-ville.

, *Het Land van beloften* (la Terre promise), *Sint-Marten* (Saint-Martin), *de Roode poort* (la Porte rouge), *de Dry lampen neffens het klooster der Minnebroeders* (les Trois lampes à côté du couvent des Récollets dans la direction de la rue du Village), *de Grooten en Kleynen gulden leeuw* (le Grand et le Petit lion d'or), *den Abraham* (l'Abraham), *de Uitgang der wynton* (l'issue du Tonneau au vin qui avait sa façade dans la *Waelputstege*.

Rue Peerdsdemer. Nous n'avons que des renseignements incomplets sur les enseignes des maisons de cette rue (1). Les voici:

CÔTÉ-SUD : *de Kleyne en Groote Sint-Jacob* (le Petit et le Grand Saint-Jacques), la rue du Châssis, *de Pluymen hoet* (le Chapeau à plumes), *de Wolf* (le Loup), *de Nachtegael* (le Rossignol) (2).....

CÔTÉ-NORD : *Sint-Anna* (Sainte-Anne),..... *Sint-Paulus* Saint-Paul), joignant le couvent des sœurs du St-Sépulcre, *oud mannen huys* (hospice des vieillards) (3).

----

(1) Paquot dit que Mantelius naquit dans la maison vis-à-vis de celle enseignée « St-François » rue *Peerdsdemer*. Nous avons donné plus haut une autre version concernant la situation de la maison natale de l'historien hasseltois.

(2) A servi quelque temps de local aux Frères de la doctrine chrétienne et d'orphelinat, maintenant occupé par le surveillant des travaux de la ville.

(3) Le bâtiment à côté de la brasserie Vinckenbosch, à peu près en face de l'ancien orphelinat a servi, au siècle passé, d'hospice des vieillards comme le montre l'inscription suivante gravée sur une pierre encastrée dans la façade: *Oud Mannen Huys gesticht door den Eerw. Heer Joannes Van Melbeeck, Priester en Lietmaet der Cantorie alhier. Anno 1736.*

A classer : *de Swarte pluym* (la Plume noire), *de Pater-noster* (le Chapelet).

Marché-au-beurre.

CÔTÉ-SUD : *de Wand* (le Vau)..... *de Kolfstege* (la Ruelle de la crosse ou de la massette), *de Kolf* (la Crosse) *de Harington ook genoemt het Harnack* (la Tonne de harengs aussi nommée la Cuirasse), *het Zevengesterte* (les Pleïades), *de Pulle* (la Cruche), *de Herderinne* (la Bergère), *de Dry lelien* (les Trois lys), *de Dry hespen* (les Trois jambons) *de Meremine* (la Sirène), *de Dry hamers* (les Trois marteaux) .....

CÔTÉ-NORD : *Het Rood kruys* (la Croix rouge), *de Kleynen en Grooten gulden boom* (le Petit et le Grand arbre d'or), *de Voetboghe* (l'Arbalète), *de Oliphant* (l'Eléphant), ... *het Kempenland* (la Campine), *de gekroonden Anker* (l'Ancre couronnée), *de Hondsmuyl* (le Mufle de chien), *de stad van Amsterdam* (la ville d'Amsterdam), *de Keyzerkroon* (la Couronne impériale), *de Roode hoed* (le Chapeau rouge) au coin de la rue du Châssis l'autre coin était occupé par : *De dry Dragonders* (les trois Dragons).

Sauvelmarkt. CÔTÉ-EST : *De Blauw hand* (la Main bleue), *het Korenvat* (la Mesure de seigle), la ruelle conduisant vers la rue du Verger, ... *het Tromelken* (le petit Tambour), *de dry Tromelen* (les trois Tambours), *de Gulden voet* (le Pied d'or) ..... *de Roel van Luymertingen* (Roland de Luymertingen), *het Lieve-Vrouwken* (la petite Vierge), *de Pastoreye* (le Presbytère), *de dry Pluymen* (les trois Plumes) au coin de la rue dite *Persoonstraat* ..... *de Brandewynketel* (l'Alambic), *de Roosen krans* (le Rosaire), la

Melderstraet, het Lamken (l'Agneau) coin de la rue de la Batterie (1), le Béguinage.

CÔTÉ-OUEST : *De dry Dragonders* (les trois Dragons) au coin de la rue du Châssis, *de Brabantsche huyk* (le Capuchon Brabançon), ... *Koninck Karolus* (le Roi Charles), *de Wyndruif* (le Raisin), *de dry Potten* (les Trois pots), *de dry Raepen* (les trois Navets) vis-à-vis de la cure..... *het Bokenhoef en die Raeve* (la tête de Bouc et le Corbeau) vis-à-vis du Béguinage.

A classer : *De Bloempot* (le Pot de fleur) maison située à un coin, *den dolbelen Haen* (le Coq double), *de Blauwen kiel* (le Sarrau bleu).

Marché aux Fruits. CÔTÉ-SUD : L'église St-Quentin, *Sint-Hubertus* (Saint-Hubert) au coin de la ruelle, à côté se trouvait *de Fluwecle pispot* (le Pot de chambre de velours)..... *de Glaese kas* (la vitrine).

CÔTÉ-NORD : *de Palmboom* (le palmier) au coin de la Kolfstege..... *de Pester kerkhof* (le Cimetière des pestiférés) *de Doorne kroon* (la Couronne d'épines), *de Tinnen knop* (le Bouton d'étain)..... *de Muysenval* (la souricière) coin de la ruelle et joignant la Main bleue.

A classer : *de Dry roosen* (les Trois roses) joignant *de Gekroonde engel* (l'Ange couronné) et une grange.

Marché aux poulets. CÔTÉ-SUD : *de Laurier* (le Laurier) et une grange.

CÔTÉ-NORD : *de Blauwe klok* (la Cloche bleue), *de Dry mooren* (les Trois maures) et *de Roode Engel* (l'Ange rouge).

---

(1) *Het Lamken*, a été incorporée dans le Béguinage en 1727.

Marché aux poissons. Du côté du sud, nous n'avons trouvé que les maisons situées aux extrémités de cette place : *het Wit kruys* (la Croix blanche) et de *Bleyden hoeck* (le Coin joyeux).

Au Côté-est s'élevait : *de Reus* (le Géant), et *Cecilia kamer* (la Chambre de Ste-Cécile (1).

Rue courte. Côté-ouest : *de Guldensleutel* (la Clef d'or), au coin de la Grand'place et *het Wit schaap* (le Mouton blanc).

Côté-est : *de Gulden appel* (la Pomme d'or), *de kraai* (le Corbeau),..... *het Witte kruys* (la Croix blanche).

Rue du Verger. Dans cette rue nous n'avons trouvé que : *het Hemelryck* (le Royaume des cieux) et *le Wellecom* (la Bienvenue) (2).

Rue d'une personne. Du Côté-sud : *de Blauwen hond* (le Chien bleu) au coin de la rue de Maestricht..... *de Roeye deur* (la Porte rouge), *den Gulden berg* (le Mont d'or) la rue du Verger, le Presbytère.

Du Côté-nord : nous n'avons trouvé que *de Dry Pluymen* (les Trois plumes) coin du *Sauvelmarkt*, *het Zwart kruys* (la Croix noire)..... *de Groeten stroeyband en de Kleynen stroeyband* (le Grand et le Petit lien de paille).

A classer : *het Gulden hert* (le cerf d'or).

Plus on s'écarte du centre de la ville et des grandes

---

(1) Ces deux locaux sont occupée par l'ancienne Halle à la viande comme nous l'avons dit précédemment.

(2) Par acte du 5 mai 1711, le rev. G. Van Hilst à fait don de la maison qui sert d'hospice aux vieilles femmes pour y établir l'orphelinat des filles.

artères, plus le nombre de maisons portant enseigne, au
siècle passé, diminue. Nous donnons ci-après les quelques
rares renseignements que nous avons recueillis dans les
anciens registres.

Rue des Chevaliers. Au coin de la rue Neuve : *de
Roskam* (l'Etrille), *het Poorthuys tegen over het Weeshuys,
regenoten het huys op den hoek der Cellebroedersstege* (la
Maison de la porte vis-à-vis l'Orphelinat et joignant la
maison du coin de la ruelle des Frères Cellites), *het
Schuttershof* (1) (l'Enclos des archers) au coin de la ruelle
qui mène à la place Léopold), *het Riemken* (la Petite
courroie).

Ruelle des Frères Cellites : *het Hof van Burgondie*
(la Cour de Bourgogne).

Maagdendries. Côté-est : *Sint-Gertrude* (Sainte-Gertrude), *de Uitgang van de Mortier* (l'Issue de la maison
du Mortier), *Sint-Eligius* (Saint-Eloy), *het Panisken* (la
Petite brasserie), *de Brouwery der Augustynen* (la Brasserie des Augustins) et *de Lindeboom* (le Tilleul) qui formait
le coin du Marché-aux-avoines.

Côté-ouest : *het Paradys* (le Paradis), *het Paleys* (le
Palais), *de Ekster* (la Pie), *de Viool tegen over het Panisken*

---

(1) Le *Schuttershof* servait également au XVIIe siècle d'orphelinat
comme le montre l'inscription suivante qui se trouvait placée au-dessus
de la porte d'entrée :

*Rdus Dnus D. Arnoldus à Melbeeck S. T. B. F. St-Nicolai oppidi
trajecten. Pastor in vila hujus orphanotrophy Fondator etc.*

*Honles D. D. Arnoldus Schoepen et Henricus Swennen, Consules
Hasselen, 1673.*

(le *Violon* en face de la Petite brasserie),..... *de Poel*
(le Marais), *de Vuylbeek* (l'Egout).

Marché au bois. Cette rue nous a fourni les enseignes
suivantes : *de Roselaer en de Kleynen roselaer over de
Aldestraat* (le Rosier et le Petit rosier en face de la rue
Vieille), *de Buyle kist* (la Huche à bluter) au coin de la
rue Vieille, *die Saeghe* (la Scie) cette maison était située
d'après les anciens registres *op den Hort.* On nommait
den Hort, la partie du Marché-au-bois aboutissant au petit
square du quartier du village. Cette partie était occupée
dans le temps par une blanchisserie et un moulin à vent (1)
comme le témoigne cet extrait du Registre n° 8 des
Augustins : *domus den Bleykpleine ex una, ex altera vico
Turrimcalcificum, poster molendinum ventosum.* (Maison
joignant d'un côté la blanchisserie et de l'autre la Tour
des cordonniers, derrière le moulin à vent).

Rue des Menuisiers. Nous n'avons trouvé dans cette
rue que : *de Beikorf* (la Ruche) *de Bierkaer* (la charette de
brasseur) *de Roode poort* (la Porte rouge) au coin de la
Waelputstege et de *Prins Eugène* (le Prince Eugène) en
face de la dite ruelle.

Waalputstraat. *God den vader* (Dieu le père), *het
Prinsken* (le Petit prince) et *de Wyntox* ot *Wynton* (le
Tonneau de vin).

Raemstraat (rue du Châssis) (2) : *de Rooden hoedt* (le

(1) Ce moulin à vent est représenté sur le petit drapeau des pélerins
du XVII° siècle.

(2) Dans cette rue, a existé quelque temps l'hospice des vieilles femmes.
Une porte portant l'inscription J.H.S., entourée d'une gloire, conserve
encore le souvenir de cet établissement foulé par la famille Dekens.

Chapeau rouge) au coin du Marché au beurre, *de Roosen-marcinboom* (le Romarin) à côté du précédent, *de Dry snellen* (les Trois pots à boire) joignant par derrière la *Grande fortune* située rue du Demer.

Rue des Capucins, *anciennement Waermoestract : de Dry spoelen* (les trois cuvettes).

La maison servant aujourd'hui de dépôt aux Archives provinciales portait, au commencement de ce siècle, pour enseigne : *In den Dolphyn* (au Dauphin). Une autre de l'autre côté de l'hôtel-de-ville porte pour enseigne *de Zon* (le Soleil).

La maison sise au coin de la rue des Récollets et de la rue Isabelle a servi de 1800 à 1819 d'hôpital. Deux chambrettes étaient réservées aux aliénés. Les malades étaient soignés par le *gasthuis meester*.

Feu M. Van Neuss a inscrit les notes suivantes à la fin d'un registre de l'hôtel-de-ville :

In de Witten nonnen straet bestaat eenen bleekhof door de rederykkamer verkocht in 1836. Dit goed gaf een ingang tot een onderaerdsche plaats welke men de Jonkmans kamer noemde.

Het gebouw waer nu de musiek societyt haere vergaderingen heeft, was voortydts de stads waag welke in 1836 aen de rederykkamer is verkocht geworden.

Les recherches que nous avons faites dans les registres cités précédemment ne nous ont pas fourni d'autres renseignements. Il se pourrait, malgré tous les soins que nous avons apportés à notre travail, que l'emplacement de quelques maisons n'ait pas été bien classé. Nous invitons nos lecteurs à vouloir bien, le cas échéant, nous présenter leurs observations. Nous comptons faire paraître ultérieurement les compléments ou les changements qu'on aura bien voulu nous indiquer. Nous ne nous sommes pas contentés de dépouiller les anciens documents ; nous avons consulté des personnes d'un certain âge pour déterminer les emplacements de quelques maisons dont nous avions trouvé les enseignes. Mais les souvenirs commencent à s'effacer et, dans quelques années, il sera difficile de reconstituer les listes de nos anciennes enseignes. C'est ce qui nous a décidés à entreprendre le présent travail. Quoique bien incomplet, sans doute, nous croyons qu'il offrira quelque intérêt pour nos lecteurs.

En inventoriant les souvenirs légués à notre temps par les âges disparus ; en rendant compte de ce qui, autour de nous, survit encore de nos ancêtres, nous n'avons nullement l'intention d'exalter le passé au détriment du présent. Non, nous considérons le progrès comme un développement organique où tout s'enchaîne. Les constructions d'autrefois aussi bien que les anciennes institutions ont eu leur raison d'être, mais elles ont dû suivre les lois inéluctables du progrès et se transformer à mesure que se développaient des organes mieux appropriés à des besoins nouveaux. On peut comprendre le passé et s'y intéresser, sans pour cela en regretter la disparition.